Los autores han recolectado una diversa cole[...] futuro del trabajo y la importancia de la inclusión para la economía global. Si eres un ejecutivo, tienes que leerlo!

ESTHER AGUILERA | CEO de Latino Corporate Directors

Cómo una de las pocas Latinas que son directoras de empresas públicas, yo sé que tan imperativo es la diversidad. Este libro demuestra un persuasivo argumento de que las empresas que priorizan la inclusión son más exitosas, innovadoras, y valiosas.

NINA VACA | directora de Cinemark, Comerica Bank, y Kohl's

Por años hemos sabido que la inclusión y diversidad son buenas para mejorar la línea final de nuestros negocios y mejoran la cultura empresarial. En este libro, los autores han compartido una excelente estrategia para crear una cultura inclusiva de una manera práctica. Los autores comparten las mejores prácticas para innovar, empoderar, y construir empresas exitosas gracias a sus entrevistas personales con más de 100 líderes de corporaciones globales. Con este libro, van a poder evaluar sus riesgos, oportunidades, y retos para crear negocios que tienen la inteligencia cultural. 100% recomendado para los líderes de la nueva normalidad tras el COVID-19.

BILL COLEMAN | ex CEO de Veritas, BEA Systems y Operating Executive of The Carlyle Group

Espinoza y Titinger han creado un repertorio impresionante cuyo mensaje demuestra el valor agregado de la diversidad, inclusión e inteligencia cultural para los líderes de la nueva normalidad. A través de estas entrevistas e historias, Pedro y Jorge analizan las best practices mundiales para mejorar la cultura laboral en nuestros negocios.

STACEY FERREIRA | CEO & fundadora de Forge

Para los líderes que quieren seguir innovando después de la pandemia, diferenciar su modelo de negocios, y obtener un competitive advantage, les recomiendo este libro. Titinger es uno de los CEOs más intuitivos que conozco, con su brillante socio emprendedor Espinoza, han creado un bestseller para cualquier empresario que quiere construir un negocio que va perseverar en nuestra economía digital.

COCO BROWN | CEO de The Athena Alliance

Este libro es un must-read para cualquiera que quiera anécdotas de líderes quienes pusieron en práctica la inclusión y diversidad para romper esquemas, innovar, y sobrevivir en nuestra economía mundial. Los ejemplos e investigaciones en este libro valen oro.

JOHN CLEVELAND | Chief Human Resources Officer de Seagate

Marcando Diferencias tiene muchísimo contenido sobre la diversidad e inclusión de un repertorio admirable de líderes del sector privado y público. Un valor sumamente grande para lectores empresariales que quieren innovar en esta nueva economía.

JASON L. MA | CEO en ThreeEQ y autor de *Young Leaders 3.0*

Pedro David Espinoza y Jorge Titinger dieron una conferencia para el Congreso Anual 2019 de HITEC (Hispanic Information Technology Executive Council) en Oracle. Este libro va guiarte y explicarte el verdadero significado de la diversidad empresarial y cómo incluir esa diversidad (género, generación, etnicidad, cultural, experiencia, laboral, idiosincrasia, personalidad, fe, religión). Nosotros en Oracle Latino Alliance (Employee Resource Group) estamos implementando sus consejos y buenas prácticas para mejorar nuestra retención de personal y también reclutamiento de talento humano.

JESUS BETANCOURT | Sales Operations en Oracle

Marcando Diferencias

Cómo innovar
a través de
la diversidad y la
inclusión empresarial

Nosotros dedicamos este libro para todas las personas que nos incluyeron en sus equipos, nos dejaron cometer errores, nos enseñaron cómo aprender de nuestros errores, y pusieron vida en nuestro trabajo y trabajo en nuestras vidas.

Pedro David Espinoza: Dedico este libro a mis padres y hermanas que me enseñaron a trabajar para un propósito más grande, alto, y valor eterno.

Jorge Titinger: Este libro representa la labor y dedicación de más de un año de trabajo. Un año que significó una educación intensa, a través de las conversaciones que tuvimos con todos los líderes cuyas contribuciones plasman sus páginas; y un crecimiento personal al realizar que lo que era un tema apasionado para nosotros, la diversidad y la inclusión, era también un camino que muchas de las empresas líderes de diferentes industrias, habían tomado con el objetivo de mejorar la equidad dentro de sus propios equipos y sus comunidades. Con este libro hemos podido traer las voces de mas de 150 líderes, y es importante agradecer a todos los que con sus palabras e historias han hecho que el libro haya logrado los éxitos que hemos tenido, y un agradecimiento muy especial a Pedro Espinoza, mi co-autor, quien tuvo la idea inicial para el libro, y que con su energía y entusiasmo aseguró que completáramos esta tarea. También es importante agradecer a mis amigos, mis familiares, mis mentores que con su apoyo incondicional ayudaron a que el "tiempo vuele" y que esta aventura sea una gran diversión. Gracias a todos, y espero que este libro les sirva para que dentro de sus propios mundos, puedan continuar el progreso de la diversidad, inclusión y equidad.

SOBRE LOS ESCRITORES DEL PRÓLOGO E INTRODUCCIÓN

DR. PAT GELSINGER es el CEO de VMware, una empresa global que es líder en cloud infrastructure y digital workplace technology con facturaciones anuales de $8.97 billones de dólares americanos en el 2019. Pat es el autor de *The Juggling Act*, un libro sobre cómo balancear el trabajo, la familia, y la fe publicada en el 2008 cuando él era el CTO (Chief Technology Officer) de Intel. En el 2019, Pat fue reconocido como el Best CEO en los Estados Unidos (lidera a más de 24,200 empleados) por Glassdoor, habiendo recibido un rating aprobatorio de 99%. Fuera de la oficina, Pat está sumamente involucrado en el Faith & Work Movement ayudando a ejecutivos a encontrar el verdadero propósito en sus vidas. Pat estudió su posgrado en ingeniería en Stanford University.

DRA. ANITA SANDS es miembro del directorio de empresas multinacionales como Pure Storage, ServiceNow, y ThoughtWorks. Ella ha sido parte del advisory board de DocuSign y Thrive Global. Anita nació en Irlanda, y estudió matemática pura para su bachiller y doctorado Ph.D. en física quántica y atómica en la Queen's University Belfast. Anita también tiene un Máster en Public Policy Management at Carnegie Mellon University. Ella recibió el Fearless Leader Award del 2020 Women on Boards, por su liderazgo en promover diversidad en las corporaciones globales.

SOBRE LOS AUTORES

PEDRO DAVID ESPINOZA es el *Robin Hood de la Tecnología* por The Voice of America. Él es un emprendedor de tecnología, inversionista, TED Speaker, board member, y autor. A la corta edad de 19, Pedro se convirtió en el fundador & CEO de SmileyGo, una software startup que ayuda a las corporaciones a donar dinero de una manera práctica y eficiente a través de la inteligencia artificial. Bajo su liderazgo, SmileyGo llegó a expandirse a más de 20 países y ayudar a muchas fundaciones (caridades, ONGs) que recibieron apoyo financiero de las empresas que eran usuarias de SmileyGo. A la edad de 22, Pedro fundó Skawlar, una plataforma digital que conecta a universitarios con escolares para que le ayuden a mejorar sus ensayos para postular a universidades americanas. En el 2018, Pedro cofundó Alpaca Pan Peru (www.alpacapanperu.com), una empresa social venture con la misión de empoderar a las mujeres andinas para que se conviertan en emprendedoras a través de capacitaciones en product design, manufacturing, y product marketing. A la edad de 24, Pedro escribió *Differences That Make A Difference* con su co-autor Jorge Titinger, y con las contribuciones de Eric Schmidt (Google CEO), Reed Hastings (Neftlix CEO), y Dan Schulman (PayPal CEO). En el 2020, su libro recibió el #1 Best Business Book Prize por el Latino International Book Awards.

Pedro David tiene un bachelor of science in business administration de la University of California, Berkeley, international management certificate de Stanford University, y está terminando su diplomado en su programa de business analytics en Harvard University. Él empezó su carrera como mecánico en Toyota a la edad de 16. Cuando cumplió 17, Pedro compuso y lanzó sus music singles en Spotify, Apple, y Amazon. También, Pedro es un venture investor en startups de tecnología como Kiwibot, Nadine West, y Feed.FM. Él ha sido un keynote speaker para el U.S. Chamber of Commerce, World Intellectual Property Organization, y U.S. Patent and Trademark Office.

En el 2017, Pedro recibió el University of California Entrepreneur of The Year Award por la presidenta Janet Napolitano. Su trabajo ha sido reconocido por Univision, Telemundo, Hispanic Shark Tank, El Nuevo Herald, y Forbes. En el 2019, Pedro publicó su primer libro con Jorge Titinger (ex CEO de Silicon Graphics) al entrevistar a 175 ejecutivos mundiales de empresas como Facebook, Amazon, y Apple.

Él es miembro del directorio de Autoespar Toyota, Hertz Peru Inka's Rent A Car, y GESA. También es advisory board member de Children Now, Plant With Purpose, y Connect Silicon Valley.

www.pedroespinoza.com

JORGE TITINGER es fundador y CEO de Titinger Consulting, una consultora boutique enfocada en el desarrollo de estrategias, el enfoque cultural de las fusiones y adquisiciones, la transformación corporativa y el coaching de liderazgo.

Además, es el premiado co-autor (con Pedro Espinoza) del libro Differences that Make a Difference en el que comparte las ideas y percepciones de más de 100 ejecutivos sobre Inclusión y Diversidad y su impacto en el éxito de las compañías. El Sr. Titinger tiene más de 30 años de experiencia en la industria tecnológica y ha ocupado numerosos puestos ejecutivos en la industria informática. Es un codiciado orador y asesor, sus clientes van desde empresas multimillonarias hasta start-ups.

Recientemente, el Sr. Titinger ejerció como Presidente, CEO y Director de Silicon Graphics (SGI), una de las compañías líderes en computación de alta performance. Anteriormente, el Sr. Titinger fue Presidente, CEO y Director de Verigy Inc, ambas compañías fueron reorganizadas satisfactoriamente y vendidas con excelentes resultados para todas las partes interesadas.

El Sr. Titinger ocupó posiciones ejecutivas en Form Factor, KLA-Tencor, Applied Materials Inc. y Hewlett-Packard, está muy involucrado en la comunidad de Start-Ups tanto en Estados Unidos como en Perú, es mentor en Endeavor y LP en muchos fondos de inversion.

El Sr. Titinger fue nombrado "CEO del año" en la categoría Efectividad Operacional por CEO World Awards en 2013, y fue seleccionado uno de los "Top 100 Latinos en Tecnología" por HITEC en 2013, 2014, 2015, 2016 & 2018, y en 2017 fue galardonado "Premio Estrella" como el mejor Latino en Tecnología. Es también Director en la Alianza de CEOs donde lidera un grupo de ~20 CEOs enfocado en cómo pensar y actuar creativamente para alcanzar el éxito de sus negocios. Recientemente, fue seleccionado dentro del top 10 de "Mejores en la sala de Directorio" por Hispanic Executive Magazine.

Él se ha desempeñado y todavía lo hace en multiples Directorios de organizaciones públicas, privadas y ONGs incluyendo Hispanic Foundation de Silicon Valley, el Hospital de Niños de Stanford, COHU, CalAmp, Axcelis, Education Foundation de Silicon Valley, Innovate Public Schools y Panasas. Tiene un Bachillerato y Master en Ingeniería Eléctrónica y un Master en Administración de Ingeniería y Negocios, todos de la Universidad de Stanford.

El Sr. Titinger fue un atleta consagrado en su juventud, fue capitán del equipo de futbol de Stanford Varsity y capitán en el equipo nacional de Estados Unidos de futbol de salón entre 1988 y 1993. Es un apasionado por la educación y el progreso en la vida de los Latinos en Estados Unidos.

PAN PERU
FUNDACIÓN, CARIDAD, Y ASOCIACIÓN CULTURAL PARA AYUDAR A LA NIÑEZ Y A LA MUJER

Dado que ambos somos líderes, empresarios, y emprendedores, nosotros creemos en el poder de la educación como la mejor arma contra la pobreza. Creemos en la mentalidad positiva y la mentalidad de vencedor. Nosotros (Pedro y Jorge) estamos comprometidos con ayudar a nuestra patria a través de la tecnología y emprendedurismo. Por eso, hemos decidido apoyar a Pan Perú (www.panperu.org) una organización sin fines de lucro que implementa bibliotecas, salas de computación, invernaderos, reforestación y valores de familia para empoderar los niños y a las mujeres más necesitadas del Perú: Pampas Grande, Huaraz, Ancash, Barrios Altos, Lima, Callao, Villa el Salvador, entre otros lugares de nuestro país incaico.

Te animamos a que apoyes a esta fundación para poder ayudar a los niños y mujeres del Perú profundo: ellos no tienen acceso seguro 24/7 a electricidad, terma, ni agua potable. Hasta la fecha, Pan Perú ha implementado 10 bibliotecas, 6 invernaderos, 4 salas de computación con internet satelital, 3000 pinos plantados en la cordillera negra, 12 mujeres tejedoras emprendedoras, para beneficiar a 2,000 niños en las zonas más rurales y remotas del país.

De igual importancia, Pan Perú USA (Alpaca Pan Perú) tiene como misión ayudar a las mujeres de la sierra peruana para que se vuelvan emprendedoras. Gracias a la ayuda de Western Union Foundation y otras organizaciones, ellos han capacitado a más de 10 mujeres en Pampas Grande para que produzcan productos de alpaca 100% hechas a mano y venderlas en el mercado americano a través del e-commerce. Muchas de estas mujeres son madres solteras, divorciadas y/o adolescentes. Les estamos dando las herramientas para que aprendan sobre el diseño, producción, cadena de suministro y marketing para que puedan producir mejores productos como chompas, chalecos, guantes, individuales, sweaters, bufandas, y colchas.

¡Únete a esta misión marcando la diferencia!
Dona a través de:
PayPal: www.paypal.me/panperu
Venmo: @panperu
Web: http://panperu.org/web/donar-3/
Email: usa@panperu.org

Muchas gracias por marcar tu diferencia,

Pedro y Jorge

NOTA DEL AUTOR

El diseño de este libro pretende reflejar su mensaje central: los mejores productos y servicios se derivan de una variedad de perspectivas e ideas. Nuestro enfoque ha sido reunir no solo investigaciones acreditables y estadísticas confiables, sino también las perspectivas de las personas cuyas experiencias relatan cómo la comunidad empresarial ha descubierto el poder de lo que aquellos que operan en un entorno competitivo a menudo llaman "inclusión".

Con frecuencia, los expertos que escriben sobre este tema también incluyen la palabra "diversidad". Hemos decidido deliberadamente no hacerlo. Aquí el porqué. Uno no introduce diversidad en un grupo—cuando hay dos o más personas presentes, la diversidad está *ahí*.

"Diversidad", como tantas palabras, tiene diferentes significados para diferentes clientes y colegas y en diferentes casos y contextos. Sin mencionar las culturas. Los hablantes nativos de inglés a menudo citan la frase del poema de Gertrude Stein: "Una rosa es una rosa es una rosa". Y, sin embargo, una rosa para un botánico es muy diferente de lo que es para un florista...o una futura novia...o una abeja. (¡Es más, una abeja lo ignorará si es roja!) Y el significado está en la base de una comunicación efectiva. Por lo tanto, el nuestro no es un esfuerzo para descartar o disminuir los conceptos que presenta la "diversidad", sino para pasar de eso a lo que consideramos el tema central: *la inclusión*.

Aquí también debemos prestar mucha atención al significado. Si se toma la *inclusión* para definir la acción a través de la cual un grupo que de alguna manera se considera superior, está *permitiendo* el acceso a otro que no está o aún no ha demostrado estar en el mismo nivel ¿no hay otra suposición limitante en el trabajo? Si un grupo de jóvenes que participan en un juego de básquetbol "permiten" a Kareem Abdul-Jabbar unirse a ellos, ¿no es eso inclusión?

Para aprovechar el poder del concepto, uno debe insistir en que represente un entorno dentro del cual se presume que cada participante tiene valor, y se sentirá no solo libre de contribuir, sino ansioso por hacerlo. La consultora Verna Myers lo expresa de esta manera: "Diversidad es cuando te invitan a una fiesta, mientras que la Inclusión es cuando te sacan a bailar".[1]

Agregaríamos, que esté preparado no solo para el vals, sino también para el shag, el swing, el hip-hop y tal vez incluso terminar con un *plié (término francés de un paso de ballet)*.

Como verá, nuestro modo de inclusión en este libro es incorporar estadísticas, estudios científicos, teorías, opiniones de la comunidad empresarial y experiencias relevantes propias, como también de quienes conocemos.

Por supuesto, también estamos ansiosos por agregar el elemento interactivo, y por esa razón, únase a nosotros en línea en: https://www.pedroespinoza.com/blog/

PRÓLOGO Por Dr. Pat Gelsinger

La investigación demuestra claramente que la diversidad y la inclusión en el lugar de trabajo generan mejores resultados comerciales. Juntos, la diversidad y la inclusión aceleran la innovación, atraen a los mejores talentos, profundizan el compromiso de los empleados y mejoran los resultados. Sin embargo, es imposible aprovechar esos beneficios a menos que fomentemos una cultura que abarque a todos.

Para empezar, debemos tener claridad sobre cómo definimos la inclusión y el valor que aporta en un contexto empresarial. Incluso como parte de una industria que trabaja en algunas de las tecnologías más complejas del mundo, la industria de la tecnología aún no ha descifrado el código de D&I. Este libro proporciona una hoja de ruta útil para hacer exactamente eso.

La diversidad es más que solo diversidad de género o raza, se trata de diversidad de pensamiento, experiencia, perspectiva, habilidades y mentalidad. En términos más generales, se extiende a la diversidad de edades, antecedentes socioeconómicos y fe. Cuando tenemos en cuenta todas estas diferencias matizadas, colocamos a nuestras organizaciones en condiciones de capturar ventajas comerciales verdaderamente sostenibles.

No podemos simplemente contratar personas con diversos antecedentes, habilidades y mentalidades, y esperar que la magia ocurra de repente. Debemos ir más allá creando entornos donde las personas estén empoderadas para presentarse y contribuir como su yo verdadero y auténtico. Ahí es donde ocurre la innovación audaz y revolucionaria.

Si observa quién toma decisiones clave en los negocios hoy en día, verá que sigue siendo un grupo de líderes muy homogéneo. No somos tan diversos como deberíamos ser. Eso tiene que cambiar. Todos necesitamos profundizar nuestro compromiso con la diversidad y la inclusión. En mi propia organización, reconozco que comienza conmigo.

A lo largo de mis casi 40 años trabajando en tecnología, he recorrido mi propio camino de descubrimiento en lo que respecta a la diversidad. Tenía solo 18 años cuando Intel me ofreció por primera vez una entrevista de trabajo en la costa oeste. Le informé a mi madre con mucha confianza: "No te preocupes, no voy a ir allí. Están locos en California ¡Soy un granjero de Pensilvania!" En ese momento de mi vida yo era el producto protegido de una comunidad extremadamente homogénea. Desde entonces, he tenido la oportunidad de viajar por el mundo y trabajar en estrecha colaboración con personas de todos los ámbitos de la vida. He tenido la suerte de experimentar de primera mano el increíble valor que se deriva de la diversidad de pensamientos y experiencias, tanto personal como profesionalmente.

En VMware, hemos pasado los últimos años fomentando lo que llamamos comunidades Power of Difference (POD). Ha sido gratificante ver el impacto positivo de estos grupos impulsados por los empleados. Profundizan y expanden la cultura inclusiva de nuestra empresa al aprovechar el poder de la diferencia humana. Recuerdo un momento particularmente conmovedor, no hace mucho, cuando un miembro de nuestro POD LGBQT reveló que inicialmente tenía miedo de revelar sus preferencias sexuales. Vaya, ese fue un momento difícil. Me di cuenta de que uno de nuestros empleados simplemente no se sentía seguro al compartir su yo auténtico en el trabajo. Fue revelador porque es muy importante que proporcionemos un espacio seguro para todos. En ese momento reconocí que necesito hacerlo mejor y, colectivamente, nuestra organización debe hacerlo mejor. Compartí esta historia con líderes de nuestra empresa y les pedí que se comprometieran con la escucha activa y el aprendizaje continuo, para que podamos trabajar juntos para fomentar una cultura que sea verdaderamente inclusiva.

Esta no es una construcción de "nosotros contra ellos"; se trata de que todos "nosotros" trabajemos para representar el entorno en el que queremos trabajar. No son las mujeres u otros grupos subrepresentados los que necesitan arreglarse; son las empresas y los entornos los que deben mejorar: cultivar el talento e incluir a todos, independientemente de su género, etnia, raza, religión, edad, orientación sexual, situación socioeconómica y otros aspectos de nuestra identidad que nos hacen únicos, ya sea un tecnólogo californiano o un granjero de Pensilvania. No corresponde a los percibidos como diferentes forzar su camino o demostrar la validez de su perspectiva. Nos corresponde a todos unirnos.

Juntos somos nuestra cultura. En última instancia, no es solo lo correcto, es lo más inteligente.

En cualquier organización, es fundamental que las personas y los equipos se sientan bien al expresar opiniones divergentes. No siempre es fácil, pero el éxito radica en ayudar a los líderes a sentirse cómodos con lo incómodo. Esto es algo en lo que estoy trabajando conscientemente todo el tiempo. Me he desafiado a mí mismo a ser más abierto y aceptar puntos de vista y experiencias que son radicalmente diferentes a los míos. El núcleo de esto es la conciencia de mis propios prejuicios inconscientes, ¡porque todos los tenemos! La conciencia está en el corazón de la diversidad y la inclusión.

Traiga todo su ser al trabajo, no cultive personajes para diferentes partes de su vida. De igual importancia, anime y espere que sus equipos hagan lo mismo. Las habilidades de un área de la vida a menudo son sorprendentemente beneficiosas para otra. Estas diferencias de pensamiento, experiencia, antecedentes y cultura forman la base de los equipos de alto rendimiento que impulsan la innovación revolucionaria y mejores resultados comerciales.

AGRADECIMIENTOS

La producción de un libro es un proceso que se niega a hacerse a un lado y dejar que otros asuntos reinen el día. Y si bien sería una tontería describir los días, semanas, meses involucrados como una "crisis de la vida", ese tiempo sí presenta un cierto tipo de aventador en el que el apoyo de amigos y colegas toma una nueva forma sin mencionar una importancia especial. Y la producción de este libro ha sido especialmente significativa, porque nos encontramos viviendo el tema.

Nuestra idea original se ha visto transformada por las ideas y aportaciones de las personas cuyos nombres aparecen a lo largo del libro, así como por el trabajo de nuestro equipo de producción. Atribuir a cualquiera de ese equipo sólo un tipo de participación sería denigrar su trabajo, porque cada uno una y otra vez se acercó para mejorar, expandir, profundizar el mensaje. E incluidas, realmente incluidas en ese equipo están personas de distintas edades, géneros, experiencias de vida y, por supuesto, puntos de vista.

Así que una Chicha Morada a los compañeros y familiares que nos animaron, y a nuestro equipo: Julia Ardiles, Hayley Bennett, Dra. Denise Duhon, Wendy Dunn, Pedro Espinoza (padre), Dianna Espinoza, Dra. Karina Espinoza, Rachael Garrity, Vanessa Luna, Julia Smith, Staci Weber y Daniel Yee.

SOBRE ESTE LIBRO

Como explicamos brevemente en la nota de autor, cuando uno se dedica a este ámbito en particular que exploraremos juntos en las páginas que siguen, las palabras y el significado que conllevan pueden tener un impacto crucial. Como parte de nuestro esfuerzo por ser sensibles a ese hecho, hemos adoptado algunos procedimientos que podrían/podrán no hacer que su maestro de Artes del Lenguaje de quinto grado se sienta particularmente cómodo, sin mencionar a alguien capacitado en las reglas del uso del lenguaje para trabajos publicados para el lector americano. En pocas palabras, hemos creado más o menos nuestro propio estilo. Pensamos en "inclusivo".

He aquí cómo es diferente:

1 – El número superíndice que le dirige a las fuentes que se encuentran en las Notas Finales de cada capítulo aparecen al principio cuando se hace referencia a la fuente, no al final. ¿Por qué? Debido a que algunos de los materiales que se hace referencia en este libro son bastante largos, creemos que sería más claro para el lector, y más justo para los individuos y organizaciones a los que se hace referencia.

2 – Cuando una cita hace referencia a un libro, no incluimos números de página. Si hace referencia a libros electrónicos en lugar de volúmenes impresos, los números de página son irrelevantes. Y, anticipamos traducir este libro a otros idiomas además del inglés para los lectores que, si buscan encontrar alguna de las fuentes, lo más probable es que los encuentren traducidos a otro idioma, con diferente paginación. ¿Idiosincrásico de nuestra parte? Probablemente. Pero a nuestra manera, más inclusivo.

Al buscar personas para entrevistar para tener una perspectiva, prestamos mucha atención a dar la bienvenida a toda la gama de ideas y opiniones. Notará, por ejemplo, que 69 son mujeres y 69, hombres. Algunas entrevistas se realizaron en español—el idioma nativo para los dos—y el resto en inglés. Hemos tenido un éxito razonable al abarcar las generaciones, aunque la distribución es esencialmente una curva de campana inclinada un poco hacia un lado. Nuestras propias perspectivas en ese frente proporcionan una pequeña mediación, ya que uno de nosotros tiene más del doble de edad que el otro.

Finalmente, aquí y ahora, al frente y al centro, admitimos una evidente exclusión. Ninguna de las personas entrevistadas o las fuentes citadas representan una perspectiva de "una persona de a pie". Hemos elegido a propósito a 69 mujeres y 69 hombres cuyas experiencias han formado sus negocios y opiniones sociales sobre la inclusión, *ya que ello afecta el éxito de la empresa privada y, por lo tanto, los esfuerzos innovadores para el bien común.* Si bien hemos hecho todo lo posible para ser justos, transparentes y precisos, este es un libro escrito con y para los tomadores de decisiones. El mundo está cambiando, y esas decisiones nunca han sido tan fundamentales. Nuestro futuro es, de hecho, nuestro para construir.

Nuestro futuro, ciertamente, es nuestro para construir.

INTRODUCCIÓN Por Dr. Anita Sands

Quien haya dicho una vez que "el futuro no es lo que solía ser" no podría haber sido más pronóstico. Vivimos en una de las épocas más emocionantes, transformadoras y disruptivas que haya visto el mundo, y aunque la sociedad y las empresas ciertamente han experimentado cambios disruptivos en el pasado, lo que no hemos experimentado es un cambio de esta magnitud, que ocurre a esta velocidad.

Hay muchos factores que hacen que el medio ambiente actual no tenga precedentes, pero para las empresas de todos los sectores, en todas partes del mundo, el hecho de que dos placas tectónicas principales se muevan bajo sus pies las deja particularmente vulnerables esta vez. Esas placas son Tecnologías Digitales y demografía, y una está agravando y aumentando el efecto de la otra.

Como señalan correctamente los autores de este libro, casi el 60% de la población mundial es de la Generación XYZ, en otras palabras, tiene 38 años o menos y si se suscribe a la noción de que "la demografía es el destino", todas las empresas deben prestar atención al impacto inalienable de este hecho. Superponga el grado en que las tecnologías emergentes están redefiniendo la forma en que vivimos, aprendemos y trabajamos, y es obvio que todas las empresas deben encontrar una manera no solo de sobrevivir a esta transición sino de prosperar.

Esto requiere estrategias alternativas, diferentes modelos de negocios, operaciones cambiantes, innovación más efectiva y nuevas formas de interactuar con clientes y empleados por igual. La clave para navegar con éxito es un concepto al que me refiero como "pertenencia", que en referencia al estudio reflexivo de la "inclusión" presentado por los autores puede verse como el resultado final de los esfuerzos exitosos de diversidad e inclusión.

Al comienzo de su trabajo, los autores explican su razón de ser para centrarse en la inclusión, aceptando que la diversidad es casi un hecho en cualquier circunstancia en la que estén presentes dos o más personas. Estoy de acuerdo con su lógica y siempre he visto la diversidad como un hecho, mientras que la inclusión es una opción activa. Dicho de otra manera, puedes pensar en la diversidad como las semillas, la inclusión como el cultivo y la pertenencia como la forma en que cosechas ambos. La razón por la que creo tanto en el poder de pertenencia es porque es un sentimiento con el que todo ser humano puede identificarse. Al igual que la inclusión, no es más que el medio para un fin: el fin es un futuro innovador y exitoso.

Para las empresas de hoy, ser innovador no es algo agradable; es un imperativo fundamental. Diversas perspectivas, nuevas ideas, creatividad y toma de riesgos son los superpoderes que toda empresa está tratando de construir. Y, sin embargo, pocos se han dado cuenta de que su kriptonita es tener empleados que no se sienten incluidos o sienten que no pertenecen.

Estrechamente ligada a una cultura de pertenencia está la noción de seguridad psicológica: la creencia de que no corre el riesgo de sufrir vergüenza o rechazo; que si comete un error bien intencionado, no será criticado.

En una cultura en la que las personas se sienten incluidas y psicológicamente seguras, se sentirán lo suficientemente seguras como para poner una idea sobre la mesa y sabrán que si no gana, no se debe a nada que tenga que ver de forma innata con ellas. Esto es lo que crea la confianza que se necesita para que las personas compartan sus mejores pensamientos y pongan sobre la mesa sus ideas más locas y, quizás, las menos populares. Y eso es lo que se encuentra en el corazón de toda innovación y transformación.

No pertenecer hace que las personas se callen. Después de que los empleadores han trabajado tan duro para contratar a grandes empleados, es una pena pensar que algo de su talento o ingenio permanece sin explotar simplemente porque no se sienten incluidos y, como resultado, dudan en hablar. Peor aún, cuando los empleados no confían en que pueden expresar opiniones disidentes sin ser castigados, solo dirán lo que la gerencia quiere escuchar, matando cualquier posibilidad de que ocurra la innovación.

La inclusión y la pertenencia tienen el poder de liberar ideas. Piense en la inclusión como la puerta de entrada por la que deben pasar sus empleados y en la pertenencia como la clave que finalmente la desbloquea. Solo cuando hayan pasado por esa puerta podrán llevar el 100 por ciento de sí mismos al trabajo. Abrir esa puerta da rienda suelta a su creatividad y les dice que es seguro correr riesgos, los requisitos previos críticos para la innovación y el cambio.

Debido a que los autores de este libro han sido bastante intencionales no solo en la investigación de temas, sino en asegurar que se compartan múltiples puntos de vista, creo que no solo han presentado sino que han mostrado el valor de la inclusión. Para muchos lectores, no será posible ver cuán cierto es esto simplemente leyendo nombres, antecedentes e ideas. Pero según mi propio cálculo aproximado, estoy relativamente seguro de que los colaboradores aquí representan a 30 países, sus edades van desde principios de los 20 hasta finales de los 70, sus valores se extienden de un espectro político a otro y, este es importante, sentirse absolutamente cómodo presentando una idea con la que saben que otros de su séquito no estarán de acuerdo. En pocas palabras, este libro muestra lo que vende.

Marcando Diferencias

Cómo innovar a través de la diversidad
y la inclusión empresarial

CAPÍTULO UNO

Lo Que Usted Nombre Importa; Cómo Hacer Que Importe Más

El bosquejo original de este libro requería que este capítulo tratara la definición de "diversidad". Los autores desarrollaron una lista de tomadores de decisiones en varias organizaciones para contactar y obtener sus puntos de vista. Fue, en parte, este proceso el que reveló que las definiciones para la mayoría en realidad se centraron en la inclusión tanto o más que en la diversidad. Judy Little, Vicepresidenta de Gestión Estratégica de Alianzas en Ericsson hasta hace dos años, señala que las ideas que explican el crecimiento provienen de la "diversidad de pensamiento de personas con diferentes antecedentes y experiencias". Agrega que el reclutamiento es solo el comienzo, y que proporcionar formas para que las personas asciendan dentro de la organización es igualmente importante.

No es sorprendente que Ericsson como organización vea la inclusión no como un objetivo, sino como un medio crucial para lograr su objetivo, que es "atraer, desarrollar, involucrar, avanzar y retener una fuerza laboral de alto rendimiento".

Claramente, en organizaciones como Ericsson, esa fuerza laboral de alto rendimiento es una que ha sido elegida para:

- incorporar la base de clientes esperada;
- tener las habilidades para articular no solo objetivos tácticos a corto plazo, sino también planes estratégicos a largo plazo;

- y estar preparado para enriquecer el lado innovador del entorno corporativo.

Quizás la investigación más reveladora tenga que ver exactamente con cuántas perspectivas se deben incluir para crear la combinación más exitosa. O, dicho de otra manera: ¿Qué divide a las personas lo suficiente como para que sus perspectivas difieran? Ciertamente, el género, la raza, los LGBT, el país de origen y la edad son estándar. Pero las discapacidades a menudo también importan, al igual que los valores religiosos / éticos y la experiencia de vida que incluye viajar o vivir en comunidades menos homogéneas. Y la combinación de cualquiera de dos o tres de estos puede crear una serie completa de subconjuntos.

Considere, por ejemplo, este escenario. Su empleador es farmacéutico y está considerando la adquisición de una empresa supuestamente avanzada en investigación y desarrollo que tiene que ver con la clonación. Su plan es tomar la decisión al cierre del año fiscal, que está a ocho meses de distancia. En la reunión de la próxima semana, usted votará sobre quién ocupará los dos puestos vacantes en la junta directiva, que hasta la fecha incluye a cuatro hombres blancos, todos médicos: uno en sus 60, uno en sus 50 y dos recién salidos de la escuela de Medicina; una hispana, farmacéutica femenina; un ingeniero alemán, que también es judío y padre de un rabino; un astrofísico japonés, que está confinado en una silla de ruedas y bromeó sobre ser el Stephen Hawking de esta generación; el CEO (que es gay) y el CFO, ¡ese eres tú! La búsqueda ha reducido los candidatos para los dos puestos a cuatro personas:

Rosanna Esperanzo es una enfermera de hospicio que tiene una maestría en física y utiliza su experiencia en ciencias para dar clases particulares a estudiantes de secundaria cuyo primer idioma es el español.

Nigel Rimmel acaba de mudarse a los Estados Unidos desde Suiza. Tiene 74 años, fundó y vendió dos compañías aeroespaciales, continúa prestando servicios en un par de juntas de compañías privadas en Bélgica, y no está tan contento de que la situación de salud muy precaria de su esposa haya requerido el traslado a este país.

Jorge Contrera acaba de vender un negocio de videojuegos muy lucrativo; lucrativo porque tiene la patente de un juego que desarrolló en la década de 1990. Su pasatiempo es el hang-gliding, tiende a preferir las camisas de vestir color lavanda y los Chinos, y definitivamente no es, como subraya, "una persona mañanera".

Meredith Mosely, de 37 años (creemos que podría ser mayor), vive en un rancho de Texas que heredó de su padre. Si es elegida para el consejo, será el único miembro que haya tenido un avión no tripulado. Y la única psicóloga.

¿A quién elegirías y por qué? Si le gustan estos ejercicios, escriba sus respuestas. Si no, solo recuérdalos.

Claramente, la suya es una empresa que ya ha demostrado su aprecio por el valor de la inclusión. ¿Pero bajo qué premisas?

Cuando hayas hecho tus elecciones, y al menos hayas intentado lo que crees que son esas premisas, sigue leyendo. A continuación, encontrará las descripciones de los cuatro candidatos modificadas, cada una con solo una palabra o una frase.

Rosanna Esperanzo es una monja y enfermera de cuidados paliativos que tiene una maestría en física y usa su experiencia en ciencias para dar clases particulares a estudiantes de secundaria cuyo primer idioma es el español.

Nigel Rimmel acaba de mudarse a los Estados Unidos desde Suiza. Tiene 74 años, fundó y vendió dos compañías aeroespaciales, continúa prestando servicios en un par de juntas de compañías privadas en Bélgica y no está tan contento de que su divorcio de su tercera esposa haya requerido el traslado a este país.

Jorge Contrera acaba de vender un negocio de videojuegos muy lucrativo; lucrativo porque tiene la patente de un juego que desarrolló en la década de 1990. Su pasatiempo es el hang-gliding, tiende a preferir jeans y zapatillas altas, y definitivamente no es, como subraya, "una persona mañanera".

Meredith Mosely, de 37 años (creemos que podría ser mayor), vive en un rancho australiano que heredó de su padre. Si es elegida para el consejo, será el único miembro que haya tenido un avión no tripulado. Y la única psicóloga.

¿Ahora a quién eliges? ¿Algún cambio? ¿Notó, o le importó, que no había asiáticos ni afroamericanos, al menos ninguno así descrito? ¿No hay mucha habilidad demostrada en el lado financiero de las operaciones? ¿Qué hay de las consideraciones legales? ¿Con qué experiencia de vida es probable que se identifiquen los posibles compradores de los clones?

El punto aquí es demostrar que cada uno de nosotros, en base a sus propios antecedentes y experiencia, imputa características a las personas no solo de una o dos piezas de información, sino del "grupo" y qué tipo de retrato creemos que pinta.

> "Soy mexicano, pero me veo blanco. Me juzgan automáticamente por mi nombre, sin embargo me tratan diferente cuando alguien me mira".
>
> ~ Rodrigo Garza | CEO Flexinvest

La tensión entre proporcionar un entorno seguro para que los miembros de la junta, los líderes corporativos y los empleados se sientan libres de expresarse y al mismo tiempo adherirse a los valores centrales de una organización inclusiva es demasiado real, y nuestra plataforma de lanzamiento para los capítulos siguientes.

En la sección siguiente, verá una colección de investigaciones que respaldan firmemente la importancia de la inclusión en la creación y el mantenimiento de empresas exitosas. Con eso como un hecho, ¿cómo entonces los líderes sabios optimizan la ventaja de inclusión?

ESTADÍSTICAMENTE HABLANDO

El informe original del reporte[1] de McKinsey 2015 indicaba que las empresas en el cuartil superior por su inclusión en sus equipos ejecutivos tenían un 15 por ciento más de probabilidades de experimentar una rentabilidad superior al promedio que las empresas en el cuarto cuartil. El informe del reporte del 2018[2] encontró un aumento al 21 por ciento. No obstante, las mujeres y las minorías siguen estando sub-representadas. Mirando globalmente, las compañías australianas toman la delantera si comparamos la participación de las mujeres en los roles ejecutivos: 21 por ciento frente a 19 por ciento en los Estados Unidos y 15 por ciento en el Reino Unido. La hipótesis de McKinsey sigue siendo que las empresas más diversas pueden atraer a los mejores talentos y mejorar la orientación al cliente, la satisfacción de los empleados y la toma de decisiones.

Como parte de la serie "Que pasaría si te dijera",[3] Goldman Sachs Research define a la generación Z como los nacidos en 1998 y después de ese año. Son más de 70 millones de personas que no recuerdan un mundo sin Internet y su capacidad para navegar en línea los ha hecho ansiosos por negociar. Mucho más ahorradores que los Millenials, y también son muy emprendedores. Un artículo reciente de *Harvard Business Review* informa que siete de cada diez adolescentes son "autónomos" (venden productos en eBay, imparten clases de música, etc.) Como un grupo creciente de clientes y empleados potenciales, este gran número requiere un nuevo tipo de inclusión.

En junio de 2017, 175 empresas firmaron la "Acción del CEO para la Diversidad e Inclusión" diseñada para garantizar que:

> ...inclusión es fundamental para nuestra cultura en el lugar de trabajo y que nuestras empresas sean representativas de las comunidades a las que servimos. Además, sabemos que la diversidad es buena para la economía; mejora el rendimiento corporativo, impulsa el crecimiento y aumenta el compromiso de los empleados.
>
> ~ Forbes Magazine 12 de Junio, 2017

PERSPECTIVAS DE MODA

Insights obtenidas de Entrevistas Personales por los Autores

JESSICA STRAUSS, becaria de Kauffman, se desempeñaba como vicepresidenta de la National Venture Capital Association cuando tuvo lugar nuestra entrevista. Esa experiencia, más su participación en una serie de otras actividades profesionales y comunitarias, significaron que tuvo una visión de primera mano de cómo se desarrolla la inclusión en una variedad de entornos. Ella señala que, además de los tipos de diferencias que uno puede catalogar físicamente —edad, género, etnia, etc.—existe lo que ella denomina "diversidad de experiencias". Experiencias de vida compartidas entre empleados y clientes o clientes potenciales que, según ella, proporcionan un medio para comprender mejor la base de clientes e incluso pueden alivianar el camino para una empresa que desea abrirse paso en un nuevo grupo demográfico. Una fuerza laboral inclusiva, como ella lo expresa, puede tener un "efecto cascada".

ATUL SINGH es fundador y CEO de FairObserver, una organización de medios sin fines de lucro con sede en los EE. UU., con socios—algunas multinacionales (como el Banco Mundial), algunas académicas, algunas analíticas, algunas centradas en políticas nacionales y globales, toda la gama—en todo el mundo. Cuenta con una red de más de 2.000 contribuyentes. Singh señala que el "negocio de las noticias" está en gran parte poblado por los "blancos, hombres, educados en universidades pertenecientes al Ivy

League", pocos de los cuales han sido pobres o han pasado dificultades de otras maneras. Como inmigrante, él mismo se ha sentido excluido debido a su origen étnico y al hecho de que sus "raíces" estén ligadas a comunidades desatendidas, pero también descubrió que esto ofrece una ventaja competitiva.

JENNA NICHOLAS se enfoca —en lo que funciona, lo que importa, a quién le importa, quién se compromete y por qué es el momento ahora. Ella ha contenido su entusiasmo por hacer una diferencia en los logros educativos en las universidades de Oxford y Stanford (incluido un MBA en esta última) y está motivada por la idea de que el talento se distribuye de manera uniforme pero la oportunidad no. Actualmente, es CEO de Impact Experience, una empresa que crea colaboraciones entre innovadores, inversores, filántropos, empresarios y líderes de comunidades marginadas. Las comunidades infravaloradas son el foco, y las iniciativas incluyen el conseguir inversores para apoyar actividades tales como abordar las disparidades de salud, volver a capacitar a los trabajadores cuyos trabajos han sido subsumidos por la tecnología y liberar capital hacia mujeres y personas de color que administren empresas y fondos. En nuestra entrevista, cuando le preguntamos qué piensa sobre la inclusión, compartió una imagen de su fe bahaí, que representa: "los hombres y las mujeres son como las dos alas de un pájaro, donde ambos son necesarios para que el pájaro vuele... Es necesario tener una amplia gama de perspectivas y antecedentes representados para que el vuelo pueda ocurrir".

LINDRED GREER analiza, habla, consulta, enseña —en general, es una experta— acerca de la estructura y el comportamiento de los equipos, qué funciona y qué no, qué tipo de líderes crean equipos ganadores, jerarquías aquí y allá. Como miembro de la facultad de la Stanford Graduate School of Business, ella esencialmente representa la perspectiva de la "zona cero" cuando se trata de identificar cómo las organizaciones pueden ejercer control y ser controladas por la inclusión. En la academia, dice, "cualquier diferencia que marque la diferencia" se ajusta al espectro de inclusión. También argumenta que la escena del campus está mejorando, y ahora depende de las empresas hacer un mejor uso del canal, para que la contratación, la capacitación y la promoción sucedan de manera equitativa y, por lo tanto, con una mejor rentabilidad.

ESTUARDO RODRIGUEZ literalmente ha pasado su vida dentro y alrededor del ámbito político. Habiendo crecido en DC, ha trabajado en campañas políticas, como abogado del Departamento de Vivienda y Desarrollo Urbano de EE. UU., como analista del Departamento de Estado de EE. UU., como cabildero y como asesor a nivel estatal, regional y nacional. Como fundador y director del Grupo Raben, se especializa en asesorar a clientes en las industrias financiera y de telecomunicaciones, así como a varias organizaciones sin fines de lucro. Sobre el tema de la inclusión, él es directo: "Primero, recuerden que el altruismo tiene sentido financiero. Puede y debe asegurarse de que su negocio crezca, y saber al mismo tiempo que no hay nada de malo en hacer lo correcto. Sí, PUEDES ganar dinero haciéndolo. Un sistema de valores sólido construye lealtad a la marca". O como lo expresa la declaración de misión del Grupo Raben: "Fuimos fundados con un objetivo elevado y un espíritu audaz: hacer que esta nación sea más grande y mover las políticas públicas en una dirección sensible y humana".

CLAUDIA ROMO EDELMAN ha desempeñado varios papeles distinguidos en el ámbito mundial, trabajando con organizaciones como el Foro Económico Mundial, la Alta Comisión de las Naciones Unidas para los Refugiados y UNICEF, por mencionar solo tres. Actualmente es asesora especial de la Fundación We Are All Human, una organización que fundó. Un párrafo de la

declaración de visión en el sitio web de la fundación explica brevemente la perspectiva de Edelman sobre los asuntos mundiales:

> La Fundación We Are All Human se dedica a reventar
> burbujas y revelar un mundo de abundancia donde todos
> tienen suficiente aire para respirar. La inclusión no es solo
> un imperativo moral, es la elección inteligente. La apertura
> realza la belleza de una persona, por dentro y por fuera. Con
> una perspectiva más amplia, pasamos de temer limitaciones
> a apreciar la belleza en el mundo y dentro de nosotros.[4]

En nuestra entrevista, Edelman fue particularmente firme en su
insistencia en que el enfoque no debería estar en lo que existe,
sino en lo que se reconoce. Como ella dijo: "Lo que se necesita es
la discusión. Ya somos diversos. Lo que se necesita no es crearlo,
sino aceptarlo".

SHANNON GORDON ha llegado a una coyuntura profesional que mucha gente diría que es casi imposible: como CEO
de theBoardlist (donde la diversidad de género en las juntas directivas es el enfoque principal), ella está haciendo y siendo lo que
cree. Y aunque no le preguntamos precisamente, estamos bastante
seguros de que estaría de acuerdo en que su carrera profesional
era una ruta bastante directa. Por ejemplo, incluyó un período en
el Cuerpo de Paz en Senegal, que ella recuerda que le enseñó de
primera mano lo que es no ser parte de ninguna mayoría, de modo
que "en todos los sentidos se habla desde una perspectiva diferente". Luego hubo una investigación rigurosa y trabajo en equipo
orientado a objetivos como gerente de compromiso para McKinsey
& Company, atención al cliente en Walmart.com y Shyp...y más.
"En realidad", dice ella, "fue en la escuela de negocios que aprendí
por primera vez que la inclusión impulsa el rendimiento. Para
mí, la inclusión se define de manera bastante simple: incorporar

diferentes perspectivas en la ideación, la innovación y la toma de decisiones".

KELLIE MCELHANEY, PHD, se desempeña como Miembro Distinguido de Enseñanza en la Universidad de California, Berkeley, donde también es Directora Fundadora del Centro de Género, Equidad y Liderazgo en la Escuela de Negocios de Haas. Tiene poca paciencia con aquellos que insisten en que "no desean ser una ficha". En cambio, está de acuerdo con Rosalind Brewer, directora de operaciones de Starbucks, quien dice "Sí, te estamos contratando porque eres diferente". ¡Siéntete orgulloso de ello! "Y cuando se trata de inclusión, McElhaney tiene una descripción rápida y contundente: "La diversidad cuenta cabezas. La inclusión está haciendo que las cabezas cuenten". En *Just Good Business*, su libro sobre responsabilidad social corporativa, McElhaney señala que, si bien a menudo el término "responsabilidad social" se interpreta como atención a los problemas comunitarios, globales y de conservación, como el ambientalismo y el bienestar social, se aplica igualmente a aprovechar el poder de la equidad y la inclusión dentro de la estructura corporativa.

GABY NATALE es, para aquellos que dominan el español, un *nombre conocido*. Ha ganado tres premios Daytime EMMY como presentadora y productora ejecutiva de "SuperLatina". No solo posee los derechos de su programa de televisión, sino también un estudio de televisión; y ha trabajado en varios otros programas de análisis de noticias y reportajes. Ella es clara y directa cuando define la inclusión. "Encajar", dice ella, "significa que uno se adapta: uno se ajusta al molde del otro. Pertenecer significa que uno es aceptado como es... Creo que la inclusión debe verse como el espacio de pertenencia. Cree un espacio de pertenencia y acepte a las personas, ya que son 100 por ciento".

MO FATHELBAB, Fundador y CEO de Forum Resources Network (Ver Capítulo 9 Perspectivas para obtener una descripción de su empresa) se mudó a los Estados Unidos desde Egipto cuando era un niño y tiene un vívido recuerdo de lo que significa sentirse incluido, o no. Por casualidad, durante su primera semana en la escuela primaria pública en los Estados Unidos, estaba sentado entre una niña blanca por un lado y una niña negra por el otro. La chica blanca le preguntó si era "negro". Perplejo, realmente no sabía cómo responder, pero eligió "No". La chica negra dijo: "¿No dijiste que te mudaste de Egipto y eso no está en África?" Cuando él asintió, ella cerró el tema: "Entonces eres negro". Esa noche, cuando le contó la conversación a su madre, ella sugirió que la próxima vez explicara que en su país de origen la gente no estaba dividido en categorías raciales. Ahora un padre de familia, Fathelbab dice que le enseña a su hijo a "ver a todos como en el mismo grupo, y luego buscar las diferencias que los hacen especiales".

DIANA LUTFI llegó a los Estados Unidos cuando era pequeña con su madre, que huía de una situación familiar intratable en Indonesia. Su madre fue detenida y retenida durante seis semanas, por lo que Diana tiene una experiencia cercana y personal con algunas de las dificultades que enfrentan los inmigrantes. Graduada en 2017 de la Universidad de California, Berkeley, estableció en la universidad un curso con créditos titulado "Fe y razones", para dar a los estudiantes la oportunidad de discutir temas controvertidos y recibir el asesoramiento adecuado según sea necesario. Oradora de TEDx, se centra en temas como el acceso para los desfavorecidos. En su opinión, tanto en el mundo corporativo como en la nación en general, es mucho más fácil resolver casi cualquier problema si uno puede adaptarse a los valores de otro individuo o grupo. Hablar el idioma, afirma, no es suficiente. Es crucial "hablar la cultura".

LAURA GOMEZ es CEO de Atipica, una compañía formada específicamente para desarrollar "la primera IA inclusiva del mundo para el ciclo de vida del talento". De niña se mudó a los Estados Unidos desde México y se separó de su familia. Sin embargo, ella insiste en que, debido a que finalmente fue documentada, sus desafíos han sido muy diferentes de los conocidos como inmigrantes "DACA" en la actualidad. A través de su experiencia personal, así como a través de las múltiples organizaciones con las que se ha afiliado (Proyecto Incluir, Consejo de Diversidad, Consejo de Mujeres de Color del Instituto Anita Borg para Mujeres y Tecnología, Consejo de Silicon Valley), cree que, como dice "Debemos tener conversaciones difíciles para progresar". Explica que esas conversaciones deben abordar los problemas de acceso y privilegio. "Esto no es una Olimpiada de la opresión", insiste. "El punto no es quién está más oprimido que quién. En cambio, es la necesidad de reconocer qué sistemas proporcionan acceso más a unos que a otros. Es hora de llamar a las personas que no admiten que hay quienes no pueden permitirse fallar, para quienes ser bueno no es suficiente. Se requiere que sean los mejores para poder ingresar". O, como escribió en una publicación de LinkedIn: "La inclusión no ocurre por accidente. Es un trabajo intencional y reflexivo".

CRISTINA LONDONO ha pasado más de dos décadas en Telemundo, la red de televisión en español propiedad de NBCUniversal, con sede en las oficinas de San Francisco y Washington, DC. Además de sus tareas de informes generales, en los últimos años se ha interesado especialmente en aumentar la conciencia y organizar el apoyo a los trabajadores inmigrantes, especialmente a los empleados en la agricultura, que sufren condiciones de salud debilitantes. Su perspectiva sobre la inclusión en los Estados Unidos es clara y precisa: "A medida que Estados Unidos crece, aceptar la diversidad en su interior se ha vuelto más desafiante, incluso para las minorías tradicionales. Tenemos un mayor número de asiáticos y africanos entrando. Además de los inmigrantes europeos y otros occidentales con antecedentes similares, nuestros vecinos ahora incluyen personas que no necesariamente se parecen a nosotros o comparten nuestras costumbres o idiosincrasias, pero a quienes debemos abrazar para promover el crecimiento y prosperidad de este gran país".

ANITA SANDS forma parte de las Juntas Directivas de ServiceNow, Symantec, Pure Storage y Thoughtworks, así como en las Juntas de Asesoría de Thrive Global y Docusign. En muchos sentidos, ella representa la idea de lo que le gusta llamar "pertenecer" (bajo la premisa de que la inclusión ha llegado a ser definida como un juego de suma cero por aquellos expertos que temen que de alguna manera diluya su propio poder y autoridad) tan fuertemente como ella lo promueve. Con una maestría en Políticas Públicas y Gestión de Carnegie Mellon y un doctorado en Física Atómica y Molecular de la Universidad Queen's de Belfast, aporta experiencia y procesos de pensamiento que van más allá de lo común en el mundo empresarial. Si se le pidiera que respondiera a nuestro ejercicio con respecto al Directorio de la adquisición farmacéutica, lo más probable es que señale que el Directorio, tal como está construido actualmente, ya está por delante del juego porque: (1) incluye miembros menores de 50 años; (2) incluye mujeres; (3) es multicultural; y (4) las elecciones parecen haberse enfocado *más en la vida y las* experiencias vivenciales que en la experiencia previa de Directorios. "No estoy de acuerdo con las personas que insisten en que no hay suficientes candidatos calificados para los nombramientos de Directorios, que es un problema del lado de la oferta", dice ella. "Está en el lado de la demanda en la mayoría de los casos, y hay tres fallas básicas. "Calificado" significa: 1. Ser un CEO o CFO actual o anterior; 2. Tener experiencia previa en Directorios; 3. Ser conocido por alguien en el Directorio". Los consejos, agrega Sands, son para "previsión, supervisión y percepción", y ella enfatiza que como se llame (diversidad, inclusión o pertenencia) es "la solución, no el problema".

COREY ANTHONY ha pasado cerca de un cuarto de siglo trabajando en AT&T, una experiencia que describe con entusiasmo como "carreras múltiples, pero nunca tuve que dejar AT&T". Gran parte de ese tiempo lo dedicó a roles operativos: finanzas, marketing, ventas, ciberseguridad, etc., pero cuando la persona cuya responsabilidad incluía apoyar los problemas de inclusión decidió retirarse, se apresuró a solicitar el puesto. Es igualmente rápido en señalar que, como Vicepresidente Senior, Recursos Humanos y Director de Diversidad, no es un ejecutor. Él explica:

> No, de ninguna manera soy la policía, soy un compañero, un campeón. No gasto calorías en absoluto tratando de convencer a alguien el valor de la inclusión en un papel de liderazgo. AT&T está más allá de esa etapa. Sí, somos una empresa basada en datos, por ello analizamos las estadísticas, pero ciertamente no como una forma de penalizar. Para nosotros, es una forma de medir el proceso y, al mismo tiempo, asegurarnos de que no hagamos nada con consecuencias no deseadas.

Debe ser una forma bastante exitosa de operar. En 2019, DiversityInc nombró a AT&T como el número uno entre las 50 principales compañías por su inclusión y diversidad.

RON ESTRADA, se podría decir que ha estado en racha, excepto que los "rachas" normalmente duran una semana si tienes suerte y Estrada lleva años en ello. En los últimos tres, se ha atribuido tanto el Premio a Empresario del Año de Texas como el Reconocimiento Especial para Colaboradores por el CEO y Presidente de Univision. Además, fue nombrado uno de los Top 100 de *Líderes* Ejecutivos de

Diversidad por *Diversity MBA* Magazine, así como uno de los Top 100 de *Líderes* más Influyentes de Responsabilidad Corporativa de 2018 por Assent Compliance. Además de su "trabajo diario" como Ejecutivo de Responsabilidad Corporativa y Empoderamiento de la Comunidad para Univisión, se desempeña como Vicepresidente del Instituto del Congreso Hispano. En una frase, él "sabe más que un poco sobre la inclusión". Y lo que sabe impulsa lo que hace, algo que está cerca de la parte superior de la escala "Esto está sucediendo". En el frente comercial, él insiste: "Estamos mucho más allá de la época en que la inclusión era un 'problema de recursos humanos'. Es parte de la estrategia básica de operación. Muchas estadísticas y experiencias corporativas reales han demostrado su importancia". Y en la comunidad en general, ve grupos de afinidad, especialmente los latinos con los que trabaja, convirtiéndose en colaborativos, cohesivos y activos. "Esto se está convirtiendo en una comunidad unida que ya no está 'esperando el momento' para dar un paso adelante", insiste.

¿ALEX PADILLA es político? Definitivamente, es Secretario de Estado de California y anteriormente se desempeñó como senador estatal y también en el Concejo Municipal de Los Ángeles. Sin embargo, en el clima severamente partidista de hoy, no parece muy justo dejar esa declaración desatendida. Cuando se trata del tema central que estamos tratando en este libro, él es un poco rompedor. En cuanto a los antecedentes, sus padres crecieron en México (pero se conocieron en Los Ángeles). Cuando se trata de experiencia, él es un ingeniero, no un abogado. Cuando se trata de ideas, no necesita ningún investigador ni escritor de discursos. Sea testigo de este clip de nuestra entrevista: "Los niños latinos son ... niños. Cada niño tiene la capacidad innata de prosperar. Depende de nosotros reconocer esa capacidad, fomentarla y nutrirla". No tiene ningún problema en explicar cómo se puede hacer eso. Ya sea "en la sala de conferencias, la sala de juntas o el aula, predicamos con el ejemplo".

Y además, insiste en que los niños deben ser testigos de esos ejemplos, a través de pasantías, escuchando a los líderes compartir sus historias y, de otras maneras, comprometiéndose temprano y con frecuencia. ¿Y el resultado? Según Padilla, educar y empoderar a los jóvenes es crucial para abordar toda la gama de cuestiones políticas, porque en una economía que se está volviendo global y un entorno que solo puede protegerse mediante la plena colaboración, en su opinión, "todas las flechas apuntan en el mismo sentido."

ALEXANDRA MEDWAY es ingeniera de software en Instagram, y es refrescantemente sincera sobre cómo sucedió eso y qué efecto puede significar una puerta 100% abierta real en términos de quién trabaja, dónde y por qué. Cuando se graduó de la Universidad de Columbia (summa cum laude, especialización en estadística) en 2017, consideró que su decisión más urgente era si optaba por trabajar en un entorno de pequeña empresa / startup o para una empresa más grande. Evidentemente ha optado por lo último y está muy satisfecha con la decisión. ¿Por qué? Estaba ansiosa por aprender todo lo que pudiera sobre diferentes experiencias profesionales y opciones profesionales. En su puesto actual, un gran número de personas: "hay miles de ingenieros. Realmente no sé cuántos miles", en diferentes lugares, de diferentes orígenes y que representan diferentes culturas con las que puede interactuar fácilmente. Se podría argumentar que su experiencia en Columbia sentó las bases para su impulso. Una vez más, el tamaño de la escuela y la cantidad de estudiantes interesados en la tecnología significaba que había muchos clubes y organizaciones estudiantiles basados en intereses, tantos que de hecho el patrón era dar la bienvenida a todos los asistentes. En otras palabras, un estudiante de música podría asistir tan fácilmente como un estudiante de informática. "Mucha gente que había pensado que no tenía ninguna posibilidad de trabajar en el mundo de la tecnología se dio cuenta de otra manera", recuerda Medway. La inclusión, entonces, comienza cuando uno busca ser incluido, o más coloquialmente, camina por la puerta abierta.

SANDRA PHILLIPS ROGERS tiene el tipo de experiencia y título (experiencia en bufetes de abogados y puestos de asesoría interna corporativa como vicepresidenta de grupo, asesora jurídica general y directora jurídica de Toyota Motor North America) que pueden hacer creer que ella es todo sobre normas y evaluación de riesgos. ¡No es así como habla! Para expresar de manera sucinta cómo se siente acerca de la inclusión, solo necesita una oración: "Todo se trata de la actitud de las cabezas". Como Directora de Diversidad en Toyota, sostiene que empresas como Toyota ya no pueden confiar en "seguir como siempre", ya que se están produciendo cambios tecnológicos revolucionarios en casi todas las industrias. Ella ve la inclusión como clave para la innovación, y exitosa si y solo si es parte de la cultura de liderazgo: practicada en todos los niveles gerenciales, vista como una parte importante del desarrollo profesional y un elemento de la estrategia corporativa aplicada de manera tan efectiva que afecta la evaluación de cada líder corporativo. Y en cuanto a la tutoría, es igualmente directa y contundente: "Todo el mundo necesita a alguien más 'en la sala' para apoyar y patrocinar". Incluso tiene un nombre para esa persona: El Navegante.

ENDNOTES

[1] Vivian Hunt, Dennis Layton and Sara Prince, Diversity Matters (McKinsey and Co., 2015), https://assets.mckinsey.com/~/media/ 857F440109AA4D13A54D9C496D86ED58.ashx.

[2] Vivian Hunt, Sara Prince, Sundiatu Dixon-Fyle, and Lareina Yee, Delivering through Diversity (McKinsey and Co., 2018), https://www.mckinsey.com/~/ media/mckinsey/business%20 functions/organization/our%20insights/delivering%20through%20diversity/delivering-through-diversity_full-report.ashx.

[3] Robert D. Boroujerdi and Christopher Wolf, CFA, What If I Told You, (Goldman Sachs Research, 2015), https://www.goldmansachs.com/insights/pages/macroeconomic-insights-folder/what-if-i-told-you/report.pdf

[4] https://www.weareallhuman.org/who-we-are/

CAPÍTULO DOS

Claves para la Inclusión

—

Por lo general, las discusiones sobre la inclusión en el lugar de trabajo se centran en las normas sociales y culturales y cómo afectan las percepciones, definiciones y comportamientos que rodean el tema. Si bien existen ciertamente ideas valiosas que surgen de esas discusiones, el enfoque de este libro es un poco diferente. Hay tres preguntas fundamentales:

1. ¿Qué efecto tiene la práctica de la inclusión en la capacidad de crecimiento del negocio?
2. ¿Es posible demostrar cómo afecta el resultado final?
3. ¿Qué pasa con el éxito en la innovación?

Los científicos sociales—economistas y conductistas por igual—a menudo hablan en términos de datos cuantitativos y cualitativos. Algunos insisten en que las estadísticas basadas en la investigación cuantitativa son más confiables porque son más objetivas. Otros sostienen que las extrapolaciones de esos números, así como la introducción de información obtenida de entrevistas y estudios de comportamiento son un componente necesario de cualquier investigación exhaustiva.

Para los propósitos aquí, asumamos que ambos son descriptivos y potencialmente predictivos.

LOS NÚMEROS, POR FAVOR

Se necesitaría un libro mucho más grande de lo que este está diseñado para incluir toda la investigación que se ha llevado a cabo en América del Norte en la última década, sin mencionar en otros países. Ciertamente, una de las más citadas es la investigación de 2015 realizada por McKinsey & Co titulada "La Diversidad Importa"[1] que mencionamos en el Capítulo Uno. La diversidad en este caso se define como liderazgo (alta gerencia y directorios) que incluye más mujeres y está más mezclado en el espectro racial / étnico. Constituyen el grupo de estudio más de 340 grandes empresas públicas que operan en Canadá, América Latina y el Reino Unido, así como en los Estados Unidos.

Los investigadores dividieron el grupo en cuartiles y descubrieron que los que se encontraban en el cuartil superior en términos de diversidad de género tenían un 15 por ciento más de probabilidades de tener rendimientos financieros superiores a la mediana de su industria nacional. La misma comparación sobre la base de la diversidad étnica reveló más del doble de esa cantidad: 35 por ciento para ser exactos. Por supuesto, quienes informan sobre estos resultados advierten que esto no prueba que la diversidad cause el mejor desempeño, sino que "las empresas que se comprometen con un liderazgo diverso tienen más éxito".

Tres años más tarde, en un estudio de seguimiento, "Delivering through Diversity",[2] también mencionado brevemente en el Capítulo uno, McKinsey amplió su alcance para incluir 1,000 compañías en 12 países y utilizó dos medidas de desempeño financiero: la rentabilidad (basada en el promedio ganancias antes del margen de impuestos) y lo que llaman "creación de valor" o el margen de beneficio económico. Finalmente, los investigadores miraron más allá de los niveles de liderazgo para incluir la fuerza laboral en su análisis.

Las tendencias identificadas anteriormente persisten, y los investigadores sugieren que las razones podrían derivarse de:

Talento—más fácil acceso

Toma de decisiones—informado y mejorado

Percepciones del consumidor—profundizado y fortalecido

Trabajadores—más comprometidos y reaccionando a una "licencia para operar".

$$$

En otro informe de 2018,[3] Richard Warr, profesor de finanzas en la Universidad Estatal de Carolina del Norte, y sus coautores Roger Mayer y Jing Zhao, argumentan que un estudio de las 3,000 empresas más grandes que cotizan en bolsa en los Estados Unidos sí prueba un vínculo causal, no solo una correlación. entre fuertes prácticas de inclusión y un mejor desempeño en el desarrollo de productos y servicios innovadores. ¿La medida? Datos de patentes y citas de patentes, y datos de anuncios de nuevos productos entre 2001 y 2014.

$$$

Un estudio colaborativo[4] realizado por el Boston Consulting Group y la Universidad Técnica de Munich ofrece una amplia corroboración. Este involucra a empresas alemanas, suizas y austriacas. Los investigadores descubrieron que a medida que aumenta la proporción de mujeres en la gerencia, también lo hace la innovación, definida en este caso por el porcentaje de ingresos de nuevos productos y servicios en el último período de tres años. ¿Cuánto cuesta? Con una proporción femenina de 10 por ciento o menos, el nivel medio de ingresos por innovación se detiene en 15 por ciento. Al doble de participación femenina, salta al 25 por ciento.

$$$

Un estudio de Gallup.com de 2016[5] publicado en el *Journal of Leadership and Organizational Studies* encontró que las empresas con una diversidad de género y una participación de los empleados superiores al promedio mostraron un rendimiento financiero de 46 a 58 por ciento mejor que las que cayeron por debajo de la mediana.

$$$

En un artículo de noviembre de 2018 en *Barrons*,[6] Cindy Chen Delano, analista legal senior de inversiones en dificultades en Whitebox Advisors, reporta que el índice HFRX Diversity Women, que refleja los rendimientos vinculados a los fondos de alto riesgo administrados por mujeres, superó al HFRI Fund Weighted Composite sobre los anteriores tres, cinco y 10 años.

$$$

Centrándose específicamente en el sector tecnológico de la economía de los EE. UU., Intel y Dalberg Global Development Advisors publicaron un informe[7] en 2016 que sugería que la mejora en la inclusión de mujeres y múltiples grupos étnicos tenía el potencial de crear un valor de hasta $ 570 mil millones y, a su vez, agregar entre 1.2 y 1.6 por ciento del PIB nacional. Los hallazgos se derivan de un estudio de más de 170 empresas tecnológicas e incluyen una serie completa de puntos de datos, que los autores describen como evidencia de correlación, no causalidad, ya que exigen una investigación adicional.

Mi cita favorita sobre este tema
[atribuida al primer ministro canadiense
Justin Trudeau] es: la diversidad es un
hecho; la inclusión es una elección.

~ Dan Schulman | CEO of Paypal

PALABRAS
AL SABIO

Es interesante señalar que:

1 – En tiempos más recientes, McKinsey y otros investigadores han invertido el orden del acrónimo, refiriéndose ahora a *I y D* en lugar de *D e I*. Además de la importancia de la inclusión.

2 – Tener discusiones productivas sobre el tema, sin mencionar la formulación de planes de acción eficientes, puede fracasar cuando no hay un acuerdo suficiente sobre lo que constituye exactamente I y D. Aquellos que lo descartan como "PC", por lo que puede significar "bastante controversial (por sus siglas en ingles)" como también "políticamente correcto", normalmente se adhieren a la lista central de género, preferencia de género, edad, raza y etnia. Otros agregan a los discapacitados y los marginados. Incluso otros incorporan representantes de diferentes puntos de vista, tales como emprendedor versus burocrático; rural versus metropolitano; liberal versus conservador; propiedad familiar

versus comercializado públicamente; europeo versus americano. Y, finalmente, hay quienes se ocupan de diversos índices de personalidad o rendimiento: el DISC, Myers-Briggs, el Eneagrama, etc.

En una serie de entrevistas, solicitamos una definición de "diversidad", y la variedad de las respuestas que figuran en las páginas de Perspectivas sobre puntos en este libro ilustra que las respuestas y las actitudes son, bueno, *diversas*.

3 – Es importante tener en cuenta que la existencia misma de un entorno inclusivo puede tener efectos que tienen poco que ver con quién incluye a quién. El agente de cambio puede ser el simple hecho de que está ocurriendo la inclusión.

El psicólogo social Henri Tajfel[8] descubrió un fenómeno comúnmente conocido como "identificación de grupo mínimo" que arroja nuevos datos sobre las tendencias humanas para identificarse y rechazar a otros sin una base real para hacerlo. En su experimento, condujo a un grupo de sujetos a su laboratorio donde había colocado una pantalla en la que mostraba una serie de puntos. Después de pedirles que calcularan cuántos había, los clasificó en categorías: sub-estimadores vs sobre-estimadores; preciso vs inexacto. Una vez que los reunió en grupos basados en esas categorías, les pidió que dividieran el dinero entre los miembros de todos los grupos. Lo que descubrió fue que sus sujetos mostraban una preferencia medible y, por lo tanto, daban más dinero del que era proporcional a los miembros de su propio grupo.

4 – Los números reportados anteriormente tratan en su mayor parte la inclusión dentro del liderazgo organizacional. Tal vez, no haya tanta investigación sobre sus efectos en toda la organización y en el servicio al cliente, así como en el desarrollo de productos, pero esos efectos existen.

En una publicación de abril de 2018 para *Forbes*,[9] Paolo Gaudiano, fundador de Aleria (una empresa dedicada a ayudar no solo a la

América corporativa, sino a la sociedad humana a ser más inclusiva y equitativa), argumenta que la inclusión no debe ser el objetivo de una empresa o una condición que imponga, sino un resultado de sus esfuerzos para maximizar el rendimiento de la empresa. Como él explica: "En otras palabras, debes enfocarte en lograr la inclusión y seguir la diversidad como una medida de tu éxito".

Luego crea lo que él llama un "experimento mental", en el que dos empleados son contratados para el mismo trabajo. Son de la misma edad, asistieron a la misma escuela, esencialmente son idénticos, excepto que uno es hombre y la otra mujer. Si la mayoría de los empleados existentes son hombres, si los dos tienen experiencias igualmente cómodas depende en gran medida de cómo esos empleados tratan a la mujer. Cuanto menos inclusivos sean, menos probable es que ella tenga éxito, o que se quede.

Por su experiencia en la Harvard Business School, donde sus clases incluían estudiantes de varios países, Kaia Simmons (ver el Capítulo 9 Perspectivas para más información) señala que existe una gran diferencia entre saber intelectualmente que algo es verdad y sentirlo. En las discusiones sobre temas complejos, dice, poder sentir la experiencia de otra persona amplía la visión del mundo. Ya sea en un aula o en un lugar de trabajo, si alguien no se siente cómodo hablando, permanece en silencio. Ella concluye que la inclusión ocurre en una cultura abierta donde las personas no tienen miedo de hablar y aquellos que están hablando no se ofenden muy fácilmente.

PERSPECTIVAS DE MODA

Insights obtenidas de Entrevistas Personales por los Autores

ALLAN BURNS, CEO de Paradise Petroleum Marketers, LLC, tiene mucha experiencia cotidiana en temas de inclusión debido a la diversidad cultural del sur de Florida, donde vive y trabaja. Cuando se le preguntó cómo sugeriría convencer a otros propietarios y operadores de pequeñas y medianas empresas de que es bueno incluir a empleados de diferentes culturas en la fuerza laboral, responde de inmediato. "Lo he visto casi como un secreto comercial", dice, y explica que para él tener acceso a diferentes comunidades étnicas es ventajoso de múltiples maneras. Un empleado de un grupo específico crea una entrada para una mejor comercialización para ese grupo, un fenómeno que encontró bastante útil cuando contrató a un cubanoamericano para un puesto de gestión. En pocas palabras, una fuerza laboral inclusiva aumenta automáticamente el alcance de la empresa. Y, agrega, en su experiencia, muchas personas que se identifican fuertemente con los valores compartidos por su (s) grupo (s) étnico (s) son muy leales si creen que están siendo tratados de manera justa. La estabilidad que su compañía deriva de esa lealtad le da una ventaja apreciable cuando compite con empresas más grandes donde el clima corporativo no es el mismo.

ALEX NOWRASTEH habla desde un punto de vista bastante diferente. Como Analista Senior de Política de Inmigración en el Centro para Global Liberty and Prosperity, una parte del Instituto

Cato, Nowrasteh escribe para los medios impresos de los Estados Unidos (*Wall Street Journal, Washington Post,* etc.), es coautor de un folleto titulado "Inmigración abierta, Sí y No", y también ha contribuido a una serie de publicaciones académicas. Su experiencia en temas de inmigración también es requerida para opinar en toda la gama de redes de televisión que se ocupan de cuestiones de política pública: Fox News, MSNBC, Bloomberg, NPR, además de estaciones y canales regionales y locales. Si bien puede estar en una escala más macroeconómica, está totalmente de acuerdo con Allan Burns en que la naturaleza multicultural de los EE. UU. es uno de sus mayores activos. "No es casualidad", insiste, "que esta sea la economía más fuerte del mundo. En muchos sentidos, nos fortalece un patrón cíclico. Los inmigrantes —no inmigrantes fortuitos, sino aquellos que son los más ambiciosos, los que toman riesgos— eligen venir aquí. Cuando se incluyen, su entusiasmo y lealtad alimentan el crecimiento económico, lo que a su vez hace que el país sea más atractivo para otros como ellos".

Nowrasteh describe la economía estadounidense actual como no solo la más diversa del mundo, sino la más diversa de la historia.

> Para lidiar con lo que tenemos ahora, en realidad se requiere información de diferentes orígenes, una colaboración entre aquellos con diferentes ideas y de diferentes orígenes. Eso no es nuevo. Es parte de lo que es Estados Unidos. Si nos fijamos en los ancestros de la población estadounidense actual, es evidente que no somos como ningún otro país en el mundo.

Cuando se le pide que describa cómo definiría la inclusión, Nowrasteh enfatiza la importancia de las ideas. "Si tuviera que elegir entre un grupo que luce y viste de manera diferente, tal vez habla de manera diferente, y otro que representa una amplia gama de antecedentes, ideologías e ideas, este es el último que elegiría siempre".

BEN MUÑOZ (no el actor, ¡deberíamos haberle preguntado si recibe correo de admiradores!) es el cofundador y CEO de Nadine West, un servicio de suscripción de moda femenina en línea que es el líder en este nicho de la industria. Él dice que para su empresa la inclusión es "orgánica". Debido a que los productos tienen un precio más bajo que los de la mayoría de los competidores, la base de clientes de Nadine West incluye a mujeres de una amplia gama de posiciones socioeconómicas.

Para nosotros, es simplemente práctico, buen sentido común comercial, porque empleamos personas que forman parte del mismo rango demográfico que describe a nuestros clientes. En términos generales, aproximadamente la mitad de nuestros empleados no son blancos y probablemente una cuarta parte no habla inglés. Y aquellos de nosotros que vemos el cambio demográfico que es inminente estamos bastante seguros de que si las empresas desean sobrevivir tendrán que ofrecer ofertas y ponerles un precio para atraer a toda la base de clientes.

Y, por cierto, Muñoz también es Fundador y CEO de BensFriends.org, una red de comunidades de apoyo para personas con alguna enfermedad rara. Su propia experiencia con una de esas enfermedades le enseñó el valor del apoyo entre pares, incluso fuera del ámbito corporativo.

JAN D'ALESSANDRO tiene experiencia de liderazgo en el mundo tecnológico que incluye a empresas como AOL, Yahoo, Topspin Media, etc. Como cofundadora y presidenta de Blue J Strategies, y asesora legal y consultora de múltiples empresas, ha trabajado con una amplia variedad de culturas organizacionales y equipos gerenciales. "Lo que es interesante", señala, "es que la capacitación en áreas como el acoso sexual es obligatoria en función del número de empleados y varía según el estado". La capacitación también varía según el nivel de empleo, y algunos Estados especifican supervisores y/o gerentes, y todos los otros empleados.

HENRIK SCHEEL es lo que enseña: un emprendedor, la compañía actual es StartUp Experience, Inc .; un innovador, que a menudo, cuando presenta uno de los muchos discursos para los que es solicitado en todo el mundo, usa una camiseta que dice en el frente: "La vida es corta...haz cosas que importen "; un tomador de riesgos, en una plataforma, en un taller, en las pistas de esquí, como un cometa y un triatleta. Lo que no es, pues no es profesor; de hecho, él es la antítesis de esa imagen. Rechaza la idea de enseñar algo que uno no ha hecho, pero esa podría ser la única idea que admite rechazar. Trata de organizar talleres a los que asistan personas, generalmente jóvenes, cuyas ideas que pudieran tener hasta ese día fueron demasiado tímidas para admitir y que provienen de orígenes muy diferentes. Eso no quiere decir que no juegue en las grandes ligas. Cuando hablamos, acababa de regresar de Davos. La dosis de "inclusión" que reciben muchos de los asistentes a su taller es algo que tienen que ingerir, también conocido como "aprender", pero no porque figura en el plan de estudios o en la página 15 de la guía de estudio. En vez de eso, son parte de ello. Aún así, bromea sobre abordar los prejuicios culturales como el que muchos estudiantes de Asia y Medio Oriente sienten sobre cometer un error. "Eso es lo que les han enseñado", dice. "Piensan que estoy loco cuando digo: 'Levanta las manos y grita 'Cometí un error'".

Scheel lleva la "tutoría" a un nivel completamente diferente, y su "método" (definitivamente no es una palabra de Scheel) tiene tanta validez para aquellos que desean ser incluidos como para aquellos que buscan incluirlos. Él ve la innovación y el éxito como productos de la mentalidad que convierte los "problemas" en "oportunidades", ya sea en una aldea en Filipinas o en una empresa de capital de riesgo en Filadelfia. ¡Las sesiones que dirige no se llaman "talleres" por nada!

MARCO GIBERTI es fundador y CEO de Vesuvio Ventures, con sede en Miami / el área de Fort Lauderdale, Florida, la expresión más reciente de su entusiasmo contagioso sobre el éxito potencial que se deriva del apoyo al emprendimiento. Él es optimista sobre el futuro de la economía de los Estados Unidos, y en nuestra entrevista resume dos fuertes creencias en las que basa esa opinión. "Creo que este país crecerá en inteligencia a medida que continúe recibiendo e incluyendo minorías e inmigrantes y la productividad que brinda", explica, "y también creo que cualquier programa que involucre educación empresarial genera empleo, riqueza y una solución social".

PAT GELSINGER es muy consciente de lo importante que es para los ejecutivos de C-suite no solo comprender, sino también administrar activamente los datos en torno a los cuales se construyen sus negocios digitales. Como CEO de VMware, se ocupa del espectro completo de innovación tecnológica y sabe por qué un liderazgo fuerte es clave. La inclusión ocurre, dice, cuando los líderes prestan atención a todos los niveles. "Como ejemplo, tenemos al menos una mujer en cada equipo de contratación, e insistimos en que cada grupo de candidatos también sea una mezcla. Además, nuestros ejecutivos saben que parte de su salario está determinado por lo bien que les va en el tema". Está claro que el suyo no es simplemente un enfoque teórico o ideológico, sino práctico, integrado en todo tipo de toma de decisiones. Tal como lo resume: "Se requieren programas de diligencia descendente y ascendente". Con un informe de 500,000 clientes empresariales ahora en su lista, claramente VMware sabe algo sobre buenas prácticas comerciales.

LILI GIL VALETTA convirtió lo que podría haberse considerado una "víctima" de prácticas de inclusión defectuosas en ser un "experta" no solo en inclusión, sino también en inteligencia cultural. Tenía 17 años cuando llegó a los Estados Unidos desde Colombia, sin conocimientos de inglés. Ahora líder de negocios y cofundadora e innovadora tecnológica, ella sirve o ha servido en múltiples juntas (Harvard Women's Leadership, National YMCA) y grupos asesores (NUC Technology Leadership Advisory Council, New York State Council on Women and Girls) y con frecuencia es comentarista en televisión nacional. Ella describe la misión de su empresa, Culturintel, como el uso de inteligencia artificial para proporcionar a los clientes ideas que informarán y mejorarán la toma de decisiones, al representar "la voz de la gente en tiempo real y no solicitada" ¿Como lo hace? Ella nos dijo: "Quiero asegurarme de estar rodeada de personas más inteligentes que yo, y eso incluye a las personas de mi equipo, así como a las personas que me guían, me aconsejan, me defienden".

TODD SCHULTE es director ejecutivo y presidente interino de FWD.us, una organización de cabildeo que se enfoca en inmigración, justicia penal y educación. Entre los fundadores de la organización se encuentran Bill Gates y Mark Zuckerberg, por lo que su trabajo es operado "en el escenario" una buena cantidad de tiempo. Schulte trabaja en estrecha colaboración con los problemas de inmigración, y señala que hasta hace muy poco Estados Unidos ha sido percibido internacionalmente como un "imán para el talento", no solo por la fortaleza de la economía, sino también por sus universidades de primer nivel, y una población que es acogedora. Está de acuerdo en que el sistema de inmigración de Estados Unidos no es perfecto, y que el monitoreo y la mejora de la seguridad son cruciales, pero enfatiza que al hacer de la inmigración el foco del discurso político y los disturbios, los tomadores de decisiones y el público en general podrían perder de vista el hecho de que la historia moderna prueba que la inmigración, como la hemos experimentado hasta ahora, mejora la vida de todos los estadounidenses y, nuevamente incorporada de manera efectiva, la estabilidad y el crecimiento de las empresas estadounidenses, grandes y pequeñas.

CHRISTOPHER REYNOLDS tiene una historia de vida que parece haber sido escrita por un guionista de Hollywood. Hijo de un trabajador de una planta automotriz y una enfermera certificada, creció en Detroit. Después de graduarse de la universidad, con una llave Phi Beta Kappa escondida en su poder, fue a la Facultad de Derecho de Harvard, trabajó para un juez del Tribunal de Circuito en Detroit, y se desempeñó como Fiscal Asistente de los Estados Unidos en la división penal de la Oficina del Fiscal del Distrito Sur de Nueva York, de los Estados Unidos. Luego, antes de unirse a Toyota en 2007, fue socio en un bufete de abogados de Nueva York. Hoy es Director Administrativo, Fabricación y Recursos Corporativos para TToyota Motor en Norte América, así como Director General Adjunto, Administración General y Grupo de Recursos Humanos para la Toyota Motor Corporation.

Habiendo escrito todo eso, parece un poco redundante describir a Reynolds como "elocuente", pero lo es, especialmente al definir no solo los valores que definen la política corporativa de Toyota cuando se trata de la inclusión, sino también explicar por qué los estudios dejan en claro que la inclusión refuerza las ventas y la marca. Aquí hay solo una parte de lo que tiene que decir sobre esos dos puntos:

> Para nosotros, Diversidad e Inclusión se trata de crear una cultura en la que todos puedan prosperar, independientemente de su género, origen étnico, de dónde vienen o cuáles son sus antecedentes. Se trata de crear una mezcla equilibrada de personas en nuestros equipos y operar de manera inclusiva en cada parte de nuestro negocio, incluida la

forma en que reclutamos, la forma en que comercializamos, creamos nuestros productos y la forma en que tratamos a nuestros clientes. La innovación social llega a un nivel superior y es una función que analiza cómo Toyota puede ser lo mejor que puede ser como empleador, como operador consciente, como vecino y como socio comunitario.

Sabemos que el pensamiento grupal es una de las cosas más peligrosas que pueden suceder en las grandes organizaciones. Conduce a suposiciones defectuosas y mala toma de decisiones. Lo opuesto al pensamiento grupal es una organización donde surgen ideas creativas y se producen debates animados en todos los niveles. Después de que se producen esos debates y se toman decisiones, no hay penalidad ni mala voluntad de ninguna de las partes.

En un nivel más tangible, sabemos que el 80% de las compras de vehículos están influenciadas por mujeres. Por lo tanto, esta en el interés del negocio escuchar las perspectivas de las mujeres en la forma en que diseñamos y comercializamos nuestros vehículos. Toyota está haciendo exactamente eso, y nuestra participación de mercado entre las mujeres compradoras es más fuerte que nuestra participación de mercado general. Lo mismo es cierto con los consumidores afroamericanos, hispanos y asiáticos. Otro ejemplo es la feria anual de innovación de Toyota, donde se alienta a los miembros del equipo a nivel de base a desarrollar ideas para ayudar a la empresa a ahorrar dinero, mejorar el servicio al cliente o mejorar nuestra reputación corporativa... Todo se relaciona con los principios básicos de Respeto a las Personas y Mejora Continua de Toyota. La mejora continua no puede suceder sin respeto por las personas.

BARBARA WHYE fue nombrada Directora de Diversidad e Inclusión y Vicepresidenta de Recursos Humanos en Intel en 2017. Se unió a la compañía como ingeniera en 1995 y se trasladó de manera constante a través de varios puestos gerenciales. Cuando hablamos con ella, se sintió más como hablar con alguien que no solo ama su trabajo, sino que se entrega por completo a la compañía a la que aporta. Aprendimos, por ejemplo, que en Intel ya no hay ninguna necesidad de "vender" el valor de la inclusión como un componente para el éxito empresarial. "Cuando me piden que "construya el estudio de negocios ", ella se ríe, "Yo digo, "Usted hace el estudio de homogeneidad. Tú haces el tuyo y luego yo haré el mío'. Sé que no tendré que hacerlo.

Whye es sincera, lista para mostrar lo que funciona. Ella cree que el primer paso para construir la inclusión es la intencionalidad y el compromiso. Intel comenzó siendo transparente con los datos e informando lo que estaba sucediendo públicamente, lo que tuvo efecto no solo de la empresa al verla como responsable, sino de alentar a otros en el mundo de la tecnología a hacer lo mismo. (La compañía ha asumido durante mucho tiempo un papel de liderazgo en ese frente, invirtiendo $ 300 millones para aumentar la presencia de personas de color y mujeres en la industria para el año 2000).

Internamente, Intel incorpora la inclusión en las medidas utilizadas para determinar las bonificaciones de los empleados. "Lo que mides importa", argumenta Whye. "De esta manera, no solo aclaramos nuestras intenciones corporativas, sino que dejamos un precedente sólido para todos los empleados estén involucrados". También señala que ella y sus colegas se han dado cuenta de que la contratación no es suficiente; la retención es crucial. "No podemos contratar nuestro camino hacia el éxito", dice ella. Nos quitamos el sombrero ante quien, en 1995, tuvo la previsión de contratarla, y luego crear una cultura corporativa que aprovecha la energía de Whye y muchos, muchos otros también ansiosos por lograrlo.

ROB BERNSHTEYN adopta un enfoque holístico sobre el tema de la inclusión, ajustando tanto el problema en sí como cualquier estrategia o táctica para lograrlo dentro de una definición clara de valores compartidos. Como CEO de Coupa, una compañía de Cloud Platform for Business Spend nombrada por *Fortune* en 2019 como uno de los mejores lugares de trabajo en el área de la Bahía de San Francisco, señala que "es un conjunto común de valores que hace una organización". En el caso de Coupa, existen tres de estos valores, cada uno (no sorprendentemente) expresado como una acción: garantizar el éxito del cliente, centrarse en los resultados y luchar por la excelencia. Cuando se le pregunta si al aplicar esos valores a, digamos, un proceso de entrevista significa hacer que el equipo de contratación sea inclusivo, Bernshteyn dice: "Sabes, creo que puede ser al revés. No necesitamos buscar otro como nosotros".

KATE PURMAL le da un nuevo significado a la frase "estuve allí, e hice eso". En forma abreviada y en orden cronológico, ella: tuvo un papel de liderazgo en el desarrollo y comercialización de productos de Palm, fue CEO de una empresa conjunta entre SanDisk Corp. y M -Systems LTD, dirigió un equipo de inicio de SanDisk para desarrollar un nuevo servicio de video móvil y fue CEO de Amnio Cure. Hoy dirige una operación de consultoría / coaching / asesoría para CEOs y CTO, según sea necesario, desempeña el papel de COO o CFO interino y es Senior Industry Fellow en la Universidad de Georgetown. Ah, y ella y la coautora Lisa Goldman han escrito un libro galardonado: *The Moonshot Effect: Disrupting Business As Usual*. Y, aun así, se tomó el tiempo para hablar con nosotros sobre sus experiencias con la inclusión. Dos de sus perspectivas son particularmente convincentes. Primero, sugiere con franqueza que no tiene experiencia real de primera mano con ningún lugar de trabajo que no sea inclusivo. "Muy a menudo, he sido la única mujer en la sala, pero el hecho de estar allí significaba que el grupo no era homogéneo", señala. Sin embargo, agrega que, en general, "los hombres están más dispuestos a hablar que las mujeres" y que su hija, que es bi-racial, está encontrando que se siente más cómoda en los lugares de trabajo donde hay otros que son de alguna manera "diferentes". En segundo lugar, al pasar del aspecto de la experiencia a los elementos del desempeño empresarial, enfatiza que cree que las organizaciones inclusivas, por definición, contratarán a las personas más talentosas. ¿Por qué? "Porque, dado que son los más talentosos, esas personas tienen su elección de trabajos. En igualdad de condiciones, elegirán una cultura inclusiva. Además, si han identificado con precisión una cultura en la que se sienten más cómodos, se quedarán más tiempo".

LASZLO BOCK telegrafía cuán diferente es en su perfil de LinkedIn. Al momento de escribir este artículo, se lee: CEO y cofundador de Humu. Autor de "Work Rules"!, ex vicepresidente de Operaciones de Personas en Google. Papá. Un poco de explicación sobre eso es apropiado. Primero, la función de Humu, según su sitio web, es "hacer que el trabajo sea mejor". ¿Cómo? Al impulsar "el cambio de comportamiento con el poder de la ciencia de las personas, el aprendizaje automático y el amor". En segundo lugar, ¡nuestra cita favorita de Work Rules! es: "La cultura como la estrategia para el desayuno". En tercer lugar, durante el mandato de Bock en Google, la compañía fue nombrada "Mejor compañía para trabajar" más de 30 veces en todo el mundo. Cuarto, Bock admite abiertamente que sus hijos son su pasión. Como él lo expresa: "El mayor regalo que podemos darle al futuro es criar buenas personas".[10]

Cuando entrevistamos a Bock, fue completamente honesto sobre el hecho de que Google había hecho un gran esfuerzo para que tanto los solicitantes de empleo como los empleados se sintieran cómodos, o como él lo expresa, dándoles "seguridad psicológica". Una técnica de entrevista. Lo que es fácil para uno puede ser desalentador para otro. Las entrevistas estructuradas son más apropiadas para algunos; desestructurado para otros. Y si un solicitante no habla inglés cómodamente, entonces el equipo entrevistador debe incluir al menos una persona que hable su idioma.

Una técnica particular que promueve Bock es brindar a las personas en todos los niveles de oportunidades de empleo "conocer a las personas a las que ayudan". Como él escribe en su libro, "imbuye el trabajo de uno con un significado que trasciende el profesionalismo y el dinero".[11]

DARA JOHNSON TRESEDER tiene éxito de una manera que las jóvenes que dudan en ingresar al ámbito corporativo miran con asombro. En pocas palabras, supera lo que asume: licenciatura cum laude en Harvard, MBA en Stanford, puestos de marketing senior en una serie de corporaciones importantes (actualmente CMO en Carbon), fundadora, inversora y directora ejecutiva de una empresa de consultoría orientada a Silicon Valley ... y más. Entonces, la variedad de insignias de logros que muestra haría sonrojar a un general militar, pero incluso entonces Treseder es sincera sobre las colinas que ha tenido que escalar. Ella dice que generar confianza es un desafío, porque "Para algunos de mis compañeros de C-Suite en tecnología y en el mundo empresarial, soy demasiado joven, demasiado mujer y demasiado negra". Muy consciente de que incluso con habilidades demostradas y un historial, ella es "diferente". Ella recuerda haber dudado mucho en revelar su edad. Con solo 28 años cuando asumió por primera vez el puesto de directora de marketing, temía que, habiendo sido marcada como diferente en la raza (es afroamericana) y en los frentes de género, ser joven podría ser la gota que colmó el vaso. Entonces, ¿cuál es la respuesta? Abrazar toda tu identidad y empujar más allá de las barreras para ser tu yo auténtico es la forma en que construyó la confianza para poder allanar el camino y "abrir puertas para los demás".

TRACY CHOU es ingeniera de software y activista que ha abordado el tema de la inclusión en la industria tecnológica, especialmente en lo que se refiere a cuestiones de género. Su definición de inclusión es sucinta, directa y convincente: "Para mí, inclusión significa que todos tienen las mismas oportunidades para participar y tener éxito. Significa abrazar la diversidad y todas las bondades que la diversidad trae".

¿Y cuáles son los desafíos que ve? "Es incómodo y antinatural que la gente ceda poder y privilegios. Incluso si pueden reconocer que el sistema necesita ser arreglado, es otra cosa completamente ... hacer el sacrificio personal o el compromiso de arreglarlo".

Entonces, ¿cuál es la solución? "Necesitamos diseñar sistemas de responsabilidad e incentivos que muevan a los líderes y organizaciones hacia un comportamiento más diverso e inclusivo".

SUE WARNKE es innovadora en cuanto a innovación. En la cultura que define el negocio de la tecnología, ya sea Silicon Valley o Silicon Alley, una discusión sobre innovación generalmente se centra en nuevos productos, procesos o problemas a resolver. Warnke se centra en romper barreras para promover un intercambio honesto y rico, especialmente cuando tiene que ver con creencias religiosas. Después de pasar casi dos décadas trabajando en la industria tecnológica, actualmente se desempeña como Directora Senior de Contenido de Ingeniería en Salesforce, donde también es Presidenta de Faithforce SF, uno de una docena de centros regionales que, como explica en su perfil de LinkedIn, promueve "inclusión y alentar a nuestros empleados a que traigan su auténtico yo al trabajo". La clave del éxito, insiste, es escuchar, explicando que es tan importante que los empleados escuchen a los líderes al revés. Los líderes que reprimen la expresión abierta de las creencias religiosas pueden estar motivados no por prejuicios, sino por miedo a hacer proselitismo o desacuerdos, señala. Y esos mismos líderes pueden, sin saberlo, causar problemas que no reconocen, como que un musulmán sea interrogado sobre su comportamiento letárgico sintiéndose incómodo al admitir que está ayunando por el Ramadán. "Ayuda", señala Warnke, "expresar sus miedos por ellos", en ambos casos.

ENDNOTES

1   Vivian Hunt, Dennis Layton and Sara Prince, Diversity Matters (McKinsey and Co., 2015), https://assets.mckinsey.com/~/media/ 857F440109AA4D13A54D9C496D86ED58.ashx.

2   Vivian Hunt, Sara Prince, Sundiatu Dixon-Fyle, and Lareina Yee, Delivering through Diversity (McKinsey and Co., 2018), https://www.mckinsey.com/~/media/mckinsey/business%20 functions/organization/our%20insights/delivering%20through%20diversity/delivering-through-diversity_full-report.ashx.

3   Ben Schiller, "Want at More Innovative Company? Simple: Hire a More Diverse Workforce," Fast Company, https://www.fastcompany.com/40515712/want-a-more-innovative-company-simple-hire-a-more-diverse-workforce.

4   Rocio Lorenzo, Nicole Voigt, Karin Schetelig, Annika Zawadzki, Isabeli Welpe, and Prisca Brosi, The Mix That Matters: Innovation Through Diversity (Boston Consulting Group and Technical University of Munich, 2017), http://media-publications.bcg.com/22feb2017-mix-that-matters.pdf.

5   Rebecca Riffkin and Jim Harter, "Using Employee Engagement to Build a Diverse Workforce," https://news.gallup.com/opinion/gallup/190103/using-employee-engagement-build-diverse-workforce.aspx.

6   Cindy Chen Delano, "Hedge Funds Have a Missed Opportunity that Could Be Hurting Results," https://www.barrons.com/articles/hedge-funds-gender-gap-could-be-hurting-performance-1543017569.

7   Andria Thomas, Joe Dougherty, Scott Strand, Abhinav Nayar and Maryam Janani, Decoding Diversity: The Financial and Economic Returns to Diversity in Tech (Intel and Dalberg Global Development Advisors, 2016) https://www.intel.com/content/www/us/en/diversity/decoding-diversity-report.html

8   https://explorable.com/intergroup-discrimination

9   Paolo Guardino, "Companies Should Stop Focusing on Diversity," https://www.forbes.com/ sites/paologaudiano/2018/04/02/stop-focusing-on-diversity/#59f43be16764.

10 Meredith Bodgas, "Ex-Google Exec Powerfully Vindicates Working Mom Who Thinks She's Too into Her Kids," https://www.workingmother.com/ex-google-exec-powerfully-vindicates-working-mom-who-thinks-shes-too-into-her-kids

11 Laszlo Bock, Work Rules! (New York: Twelve Books, 2015).

CAPÍTULO TRES

La Plataforma está Ardiendo

—

Muchos de los que trabajamos en el mundo de la tecnología hemos escuchado varias veces la máxima del legendario científico informático Alan Kay: "La mejor manera de predecir el futuro es inventarlo". Y la mejor manera de comenzar con esa invención es determinar con precisión donde uno se encuentra ahora. Desafortunadamente, muchos líderes empresariales están tan centrados en los informes trimestrales, las ganancias anuales, la competencia global, etc., que no observan de cerca las tendencias que presagian cambios que afectarán de manera medible, y tal vez desastrosamente, el desempeño financiero, el crecimiento y ventaja competitiva a menos que la remediación comience ahora.

Hay una serie de fuerzas en el trabajo cuando las empresas y sus líderes se conforman con el statu quo. Aquí hay tres para considerar:

1. **La complacencia.** Se aplican dos analogías, ambas relacionadas con el agua. El viejo proverbio "El pez es el último en descubrir el agua" describe, por supuesto, nuestra tendencia a no reconocer nuestro propio medio ambiente. Lo familiar, porque es cercano y esperado, se convierte en un hecho en lugar de una alternativa. Y desafortunadamente eso persiste incluso cuando el ambiente comienza a cambiar, como en el otro proverbio sobre la rana en el agua que no siente que se calienta hasta que hierve hasta la muerte.

2. **Resistencia al cambio.** El profesor de la Harvard Business School, Clayton Christensen, recibió críticas muy favorables por su libro sin tonterías *The Innovator's Dilemma*,[1] en

45

el que argumenta que frente a la innovación dentro de un mercado o industria dado, las prácticas que una vez hicieron que un negocio tuviera éxito podrían convertirse en prácticas que le hicieran fallar. Su enfoque es la tecnología, pero la validez de su punto seguramente no se limita al cambio tecnológico.

3. **Confundiendo el fracaso por el éxito.** Alan Perlis, el científico informático estadounidense que recibió por primera vez el Premio Turing, escribió: "Tratar con el fracaso es fácil. Trabaja duro para mejorar. El éxito también es fácil. Has resuelto el problema incorrecto. Trabaja duro para mejorar".[2] Muchas personas pueden no ser conscientes de que fue un ingeniero de Kodak quien desarrolló la primera cámara digital en 1975, pero como él lo expresó:" La reacción de la gerencia fue 'Eso es lindo, pero no se lo digas a nadie'".[3] Los encargados de tomar decisiones corporativas temieron su efecto en la industria del cine. Kodak se declaró en bancarrota en 2012. De manera similar, en una columna de la página financiera del *New Yorker* de 2013, James Surowuiecki describió cómo Apple y Android habían aplastado a Nokia en el negocio de los teléfonos inteligentes, porque Nokia se había vuelto, en sus palabras, "cautivado (y, de alguna manera, encarcelado) por su éxito pasado".[4] Dado que en un momento Nokia había obtenido más de la mitad de todas las ganancias en el negocio de la telefonía móvil, no pudo ver la creciente popularidad de los teléfonos inteligentes. En contraste, escribió Surowuiecki, los ejecutivos de Apple reconocieron el valor tanto del hardware como del software y "alentaron a los empleados a trabajar en equipos multidisciplinarios para diseñar productos".

Ahora, un breve análisis de cómo se desarrolla cada uno de estos tres puntos cuando se trata del tema de la inclusión.

Complacencia: muchas, si no la mayoría, de las empresas exitosas incluyen terminologías en anuncios, en sitios web, en informes anuales que detallan su entusiasmo por hacer que la inclusión sea parte de sus valores fundamentales. A menudo, eso puede tomar la forma de crear un lugar para un director de diversidad en el equipo de gestión. Si eso es todo lo que hacen, sigue siendo fácil para esas compañías pasar por alto los problemas que supondrían el fin de los negocios tal como lo conocen. Considere, por ejemplo:

- Para crecer, o incluso sobrevivir, ¿necesita extender su base de clientes a otros grupos demográficos? Si es así, ¿qué sabe sobre su comportamiento de compra?
- ¿La comunicación entre sus empleados es lo suficientemente cómoda como para realmente incubar ideas emergentes de todos los niveles de la organización?

Resistencia al cambio: en un artículo del *Financial Times* de 2012,[5] John Kay argumenta que el tipo de "resistencia a la tecnología innovadora" que describe Christensen está en el centro de por qué Sony no inventó una alternativa viable al iPod, o mejor aún, adelantarse a Apple. De hecho, dice, en compañías como Sony, el cambio "amenaza sus capacidades existentes y canibaliza sus productos existentes".

- ¿Mantener el statu quo en su empresa lo está cegando a los potenciales que ofrecen las nuevas tecnologías, la expansión de los mercados, etc., porque no hay nadie en posición de defender el cambio?
- ¿Está contratando nuevos gerentes en función de su experiencia en lo que hace su negocio ahora o en lo que podría estar haciendo dentro de tres años?

Confundiendo el fracaso por el éxito: en un análisis intrigante de cómo detectar el sesgo,[6] el ensayista Paul Graham señala que si los solicitantes de un tipo, digamos indonesio, tienen un mejor desempeño que otros solicitantes para ser elegidos, puede esperarse que los indonesios que lo logran superen a otros seleccionados al mismo tiempo. Por esa razón, sugiere, cuando First Round Capital informó en un momento que las compañías que recién empezaban, con fundadoras entre sus compañías de cartera superaron a las que no tenían fundadoras en un emocionante 63 por ciento, al limitar la muestra a su propia cartera en realidad estaban (y en general probabilidad involuntariamente) describiendo un estudio no de las tendencias de inicio sino de su propio sesgo en la selección de empresas.

- En la Conferencia Mundial de Desarrolladores de Apple de 1997, Steve Jobs dijo que las empresas deben priorizar la experiencia de sus clientes y trabajar desde eso.[7] Si hace eso, ¿lo encerrará en el perfil de los clientes actuales? ¿Se pueden vender sus productos a clientes que prefieren otro tipo de experiencia?

- Cuando se elabora una estrategia basada en indicadores macroeconómicos positivos, ¿se tiene en cuenta el hecho de que el PIB ha llegado a describir a la población acomodada y no a la población total, hasta el punto de que un grupo de académicos ha comenzado a publicar una versión alternativa? Y, ¿recordó que los adultos que buscan trabajo, pero no pueden encontrar trabajo, a pesar de que no están trabajando, no van a la escuela y no cuidan a los niños, tampoco se cuentan en la tasa oficial de desempleo de los Estados Unidos?

LOS NÚMEROS, POR FAVOR

Una mirada a la posición actual de las empresas estadounidenses sobre las medidas de inclusión en todas las industrias muestra definitivamente que, para un buen número de empresas, la plataforma está en llamas.

- Hay más CEOs corporativos llamados "John" o "David" en los Estados Unidos que CEOs femeninas.[8]
- Es menos probable que los empleadores llamen a los solicitantes que envían currículums con nombres que suenan afroamericanos que aquellos con nombres que suenan caucásicos.[9] (*Universidad de Wisconsin*)
- Cuando Microsoft estaba desarrollando Clippy, su asistente de oficina de clip (¿recuerda eso?), gastó $ 100,000 en pruebas de mercado, luego ignoró las respuestas femeninas de que los personajes eran demasiado masculinos, el 90 por ciento de ellos.[10]
- Los hombres tienen un 30 por ciento más de probabilidades que las mujeres de ser promovidos directamente a gerente (*Women in the Workplace*).[11]
- En el mundo sin fines de lucro, siete de cada diez líderes consideran que la inclusión es un objetivo importante, pero solo el 36 por ciento cree que lo han logrado (*Centro para la Filantropía Efectiva*).[12] Y aunque nueve de cada diez miembros de la junta de organizaciones sin fines de lucro insisten en que la inclusión es crítica para el éxito, menos de la mitad de ellos han tomado alguna medida para cambiar la composición de sus propios miembros.[13]

- Entre los CEO de las 500 compañías *Fortune* en 2018, solo hay 24 mujeres, en comparación con las 32 del año anterior (el porcentaje más alto en la historia).[14] Entre los S&P 500, el número fue uno menos: 23 en 2018, pero 26 en 2019.[15]
- La imagen para los afroamericanos es aún más sombría, con solo tres el número más bajo desde 2002 (*Fortune*).[16]

También es importante recordar que estas tendencias y la reacción a ellas no son exclusivas de la economía de los Estados Unidos. Pero hay excepciones. Gianfranco Ferrari, CEO del Banco de Crédito del Perú BCP, en nuestra entrevista con él, describe lo que el banco está haciendo para abordar e incorporar los cambios actuales y anticipados:

La banca ya no busca al banquero típico. Ahora reclutamos activamente psicólogos, matemáticos, científicos de datos, estadísticos, diseñadores... no necesariamente se ve igual que el perfil típico de un banquero.... Es por eso que... Hemos estado trabajando en un cambio importante en la propuesta de valor para el empleado.... Hoy estamos mejorando la rapidez a través del banco, trabajando en escuadrones y tribus en un diseño completamente diferente al de hace unos años... Estoy convencido de que este es un cambio que no se detendrá, y en ese sentido seguiremos adaptándonos a él en el futuro.

> *Al no prepararte,*
> *te estás preparando para fallar*
>
> ~ Benjamin Franklin

PERSPECTIVAS DE MODA

Insights obtenidas de Entrevistas Personales por los Autores

ALEX COWARD es un hombre que tuvo éxito en un sistema y usó ese éxito para mejorar el sistema de una manera que parezca para todo el mundo como si lo rechazara. Después de haber crecido en Londres, pasó diez años en Oxford, obtuvo una licenciatura y credenciales de enseñanza antes de completar su doctorado en matemáticas en 2008, especializándose en topología y geometría en tres dimensiones. Habiendo vivido en Australia y Vietnam (donde recibió un doctorado honorario por la Universidad Thai Nguyen), también enseñó en dos campus diferentes del sistema de la Universidad de California antes de fundar EDeeU Education, una experiencia en línea de aprendizaje independiente mejorada por seminarios y comunidad eventos y facilitado por lo que se llama un "director de estudios". Dado que la idea es aprovechar los recursos como otros agregadores de información en línea y bibliotecas, la experiencia EDeeU es asequible. El grupo de directores es inclusivo en todos los sentidos, excepto uno: todos tienen credenciales de universidades reconocidas si son académicos o, de lo contrario, han demostrado éxito en cualquier campo en el que estén trabajando.

Coward cree que hay una regla dura y rápida para evitar cualquier posibilidad de que la "plataforma se queme", y es comenzar desde el principio. "La forma de la semilla determina la forma del árbol", argumenta. "Si quieres que tu programa, tu proyecto, tu empresa sean inclusivos, no puedes decir que 'harás eso más tarde'. Si al final del primer año, estás rodeado de 'hermanos de fraternidad', cambiar eso es un gran problema. La inclusión debe ser parte del diseño original".

JEFF YASUDA es CEO y fundador de Feed.fm, que ofrece a los clientes, como Fitbit, American Eagle Outfitters y Nautilus, solo por nombrar tres soluciones de medios especiales para impulsar el comercio, aumentar las tasas de retención de aplicaciones y aumentar de forma considerable la conversión de visita a compra. Con un título universitario en historia, un MBA en finanzas y contabilidad y un CPA, claramente tiene el deseo de reconocer la excelencia creativa y la disciplina para identificar aplicaciones y métodos de distribución efectivos. Tal vez no sea sorprendente que su visión de la inclusión tenga que ver no solo con los problemas estándar de género y etnia, sino también con la diversidad de pensamiento. Y señala que, tradicionalmente, las fuentes de financiación para nuevas empresas se han derivado de la riqueza familiar o del mundo del capital de riesgo, los cuales son casi por definición homogéneos. Más recientemente, el arranque se ha consolidado y se han aprovechado fuentes no tradicionales —nuevamente ideas innovadoras— para que la situación haya comenzado a cambiar. Vale la pena señalar que el estilo personal de inclusión de Yasuda ha sido descrito por uno de sus colegas de esta manera: "Vi a Jeff tomar una idea y convertirla en una realidad más grande de lo que nadie imaginaba. Su disposición a probar las ideas de los demás y darles espacio para ser lo mejor no tiene parangón en mi experiencia como empleado".

YOSEN UTOMO dejó su Indonesia natal para estudiar en este país hace una década. Él y Ed Ow, un amigo que conoció cuando ambos eran estudiantes en UC Berkeley, cofundaron Fulldive VR, una plataforma de realidad virtual basada en un teléfono inteligente.

Ambos hombres están ansiosos por crear un producto que no solo sea accesible para aquellos con ingresos limitados en este país, sino también en partes del Tercer Mundo donde muchas personas no tienen acceso real a la tecnología más allá de un teléfono celular. Probablemente sería justo decir que Utomo tiene menos "pensamientos" sobre la inclusión que las experiencias. Lo resume en una pregunta y respuesta: "¿Por qué Silicon Valley es el lugar más innovador de la tierra? Porque nuestro talento proviene de más de 130 países". Esa realidad es mucho más que virtual.

MARION ZIZZO NAZAR ha pasado gran parte de su vida profesional trabajando en varios roles y con múltiples organizaciones para ayudarlos a identificar y contratar lo que ella describe como "talento impulsado por la misión" para nutrir y enriquecer el impacto social de las empresas y sus líderes. Ha participado en colaboraciones tanto nacionales como internacionales, con fines de lucro y sin fines de lucro, muy grandes (por ejemplo, el Banco Mundial) y pequeñas, corporativas e individuales. Cuando se llevaron a cabo nuestras entrevistas, ella participó activamente en la Iniciativa de inclusión tecnológica impulsada por Change Catalyst, que organizó eventos en todo el mundo con un enfoque de ecosistema para los problemas de inclusión, en lugar de uno específico para un sector en particular. Como parte de su trabajo, desarrolló paneles de discusión en los que participaron representantes corporativos, educadores, formuladores de políticas, inversores y empresarios.

Su opinión sobre el tema de la inclusión es que requiere mucha atención y una aplicación rigurosa, porque el sesgo implícito es casi omnipresente. Ella señala que incluso la inteligencia artificial puede ser sesgada, dependiendo de quién escribe el código y cómo los algoritmos buscan y distribuyen datos. Para respaldar su argumento de manera simple, recuerda un incidente cuando estaba de compras, recogió un producto para el cuidado de la piel y comenzó a leer la etiqueta. En este producto en particular, su etiqueta especificaba que era para pieles "normales a oscuras". ¿Quién decidió lo que era normal? Ella se preguntó.

Nazar llama especialmente la atención sobre el papel crucial que desempeña la inclusión en la retención de empleados. Como ella dice, lo que gran parte de la sociedad occidental se refiere como la "Regla de oro" de tratar a los demás como te gustaría que te traten, ahora se ha convertido en tratar a los demás como les gustaría ser tratados.

BILL COLEMAN, que todavía se desempeñaba como CEO de Veritas Technologies LLC cuando realizamos nuestra entrevista, ahora es Ejecutivo Operativo en el Grupo Carlyle, así como socio especial en Virtuvian Partners y Venture Partner en Alsop Louie Partners. Sus habilidades de liderazgo y experiencia en la creación de empresas, puesta en marcha de cambios y articulación de estrategias para obtener la aceptación de los empleados son legendarias. Sobre el tema de la inclusión, es a la vez práctico y visionario. Insiste en que no hay forma de lograr resultados, a menos que "se viva, se camine, se hable de ello" hasta que se convierta en una parte real y esencial de la cultura organizacional. Y el segundo paso es ser proactivo de todas las formas posibles con / sobre todos los grupos, no solo entre los empleados sino también dentro de la comunidad.

DAN SCHULMAN se convirtió en el presidente y CEO de Paypal cuando se separó de eBay en 2015, trayendo consigo una gran experiencia en el mundo financiero y en la tecnología móvil. Su experiencia al principio de su carrera como presidente y director ejecutivo de Priceline fue seguida por casi dos décadas en AT&T, incluido un período como presidente de la División de Mercados del Consumidor, lo que llevó a su fundación Virgin Mobile USA. Cuando esa compañía fue adquirida por Sprint Nextel Corporation, se convirtió en el presidente del Prepaid Group allí, luego se desempeñó como presidente del grupo de Enterprise Growth en American Express. Parece casi tonto decir "él conoce su negocio", pero lo sabe y le apasiona el valor de la inclusión. Como él lo ve, la inclusión "no debe ser un objetivo en sí mismo, sino parte de una visión creativa y una misión que sea inspiradora y, por lo tanto, naturalmente inclusiva, suficiente para atraer a los mejores y más brillantes". Insiste en que en Paypal es un valor central, lo que significa que es más que intelectualmente entendido. Está internalizado. Combina con la misión corporativa de Paypal, que él describe como "democratización de los servicios financieros, ya que mover el dinero debería ser el derecho de todos los ciudadanos en todos los países".

Mientras que otros a veces describen la diversidad como "diversidad de pensamiento" (y otros sugieren que la definición en sí misma puede ser una forma de evitar los desafíos de incluir grupos marginados), Schulman ve la diversidad de pensamiento como resultado de la inclusión, y un resultado crucial en ese sentido. "La mayor ventaja competitiva que tiene una empresa es su capacidad para atraer y retener talento. Cuando hay diferentes puntos de vista representados y las personas en la sala sienten que pertenecen, los clientes estarán mejor atendidos, lo que significa que los accionistas también lo estarán", dice.

Schulman tuvo muchas oportunidades para expresar esos valores en 2019, cuando su compañía informó que no solo había cerrado una brecha salarial de $ 3 millones en un tiempo récord, sino que para asegurarse de que no se repitiera, había instituido un programa basado no solo en el rendimiento, sino también el título del trabajo, años de experiencia y ubicación, con cualquier evaluación subjetiva informada por consultores externos.

JENNY DEARBORN también tiene mucho que decir sobre la "diversidad de pensamiento". Tras haberse mudado a su propia empresa desde su posición de Vicepresidenta Ejecutiva de Recursos Humanos en el gigante de software SAP (había comenzado como la primera Directora de Aprendizaje de la compañía). Ella está capitalizando años de experiencia tanto en el sector tecnológico como en el campo de los recursos humanos. "Cuando hablo de diversidad, no me concentro en la idea de que sea" lo correcto ", aunque, por supuesto, lo es. Enmarcarlo como diversidad de pensamiento, el tipo creado cuando una sala llena de personas desafía las ideas de los demás y llega a la mejor decisión gracias a ello, es menos aterrador y emocionalmente cargado".

Dearborn continúa señalando que el mayor movimiento hacia la inclusión real probablemente provenga del nivel de la junta. "Los inversores institucionales ahora están desafiando a las Juntas Directivas sobre este tema. A su vez, a medida que se vuelvan más inclusivos en respuesta, las Juntas Directivas desafiarán a la alta gerencia. Esencialmente, la Junta Directiva exige cultura".

Para que ningún lector crea que al enfatizar el "pensamiento", Dearborn está esquivando o incluso negando cuestiones como el género, el origen étnico, etc., aquí está el titular de una publicación reciente en su blog: "¿Cómo podemos agregar $ 12 billones a la economía global al 2025? Cerrar la brecha de género y promover a más mujeres a puestos de liderazgo en los negocios".

MITCH BARNS había servido a Nielsen Company en múltiples roles y múltiples países durante más de 15 años antes de asumir el cargo de CEO en 2014, por lo que era una organización que entendía bien. Sin embargo, basándose en esa experiencia, creía que había llegado el momento de analizar detenidamente lo que podría traer el futuro y cómo Nielsen podría caminar con valentía hacia ese futuro. "Recuerdo a un profesor que tuve en el MIT", comienza, "quien dijo que el momento más difícil para impulsar el cambio es en ausencia de una crisis". Dado que los indicadores comerciales estándar de Nielsen eran sólidos cuando tomó la iniciativa, su idea de alejarse de un modelo de servicios profesionales a uno que maximizara el poder de la tecnología a través del análisis de datos podría haber enfrentado una subida cuesta arriba. ¿Qué pasó? Durante sus cinco años al frente, los ingresos digitales se triplicaron, los mercados emergentes aumentaron un 50 por ciento y los ingresos totales un 25 por ciento. Mientras reflexiona sobre su experiencia, hace varios puntos convincentes:

- La proyección es crucial. "Hoy es hoy. Tienes que mirar al mañana". (Para Nielsen, eso significaba ver cómo Netflix y otros similares cambiarían el panorama del entretenimiento / medios / publicidad).
- Para obtener la aceptación, "la simplificación funciona mejor".
- "La estrategia que ejecuta es de la que depende la empresa, no la que se ve bien en una presentación de PowerPoint".

SILVINA MOSCHINI tiene una reputación bien ganada por su liderazgo en el acoplamiento de aplicaciones y soluciones tecnológicas con prácticas y políticas de empleo corporativas para un resultado que no solo enfrenta el futuro sino que ayuda a formarlo. Es cofundadora de Transparent Business, una solución basada en la web para problemas relacionados con el reclutamiento y la gestión de talentos independientes, y de eso desarrolló SheWorks para ayudar a clientes como Google, Microsoft y Facebook a participar en la educación en línea y la flexibilidad en el uso del tiempo y el espacio de manera que empoderará a las mujeres. Ella tiene claro que su propio éxito deriva del liderazgo innovador. Como ella dice:

No hay un camino fácil para ser emprendedor: se necesita pasión, ganas, determinación y perseverancia. Cuando traes un nuevo concepto a la mesa que cambia las reglas y se libera de la "norma", es una batalla cuesta arriba, enfrentando obstáculos que dificultan encontrar partidarios e inversores iniciales. La mayoría de las personas puede apreciar la innovación, pero cuando llega el momento de cambiar y de "hablar", la mayoría volverá a los sistemas y reglas tradicionales. He sido muy afortunada de haber tenido una valiosa red de líderes, asesores e inversores clave que abrazan el cambio, impulsando la diversidad y la inclusión para el futuro del trabajo.

JENNIFER HOPP se describe a sí misma como una "inversionista, asesora y emprendedora", lo cual es exacto, pero difícilmente la historia completa. Actualmente participa en tres empresas con sede en San Juan, Puerto Rico: ATO Ventures, un fondo tecnológico de capital riesgo; BizStart Live, un servicio de transmisión en vivo para conectar nuevas empresas e inversores; y Emvy, un servicio de pruebas de validación de mercado. Y eso sin contar las diversas empresas que buscan su consejo. Tras haberse mudado recientemente a Puerto Rico, es muy consciente de la importancia de lo que podría llamarse "conciencia cultural". Sobre eso nos dice:

En ATO Ventures, nuestro equipo es pequeño, pero increíblemente diverso. Abundan las diferencias de género, raza y cultura, pero estas palidecen en comparación con nuestra diversidad de pensamiento. Las perspectivas contrastantes se han formado a partir de una amplia gama de experiencias y culturas y representan todo, desde cristiano a ateo, rico a pobre, políticamente de derecha a extrema izquierda, de ser super óptimo a perpetuo pesimista.

Ella añade que uno de los miembros del equipo es particularmente hábil para la comprensión de las facciones políticas en el país, que es de gran valor para los inversores que buscan navegar una cultura con "una profunda historia de conflicto político". ¿Importante? En efecto. "La escena de *startups* en Puerto Rico está en llamas", dice ella. "La energía es palpable y la velocidad a la que estamos creciendo dicta que este es nuestro juego a perder".

ROSHAWNA NOVELLUS debería conocer a Malcolm Gladwell, si aún no lo ha hecho. (Nos olvidamos preguntar, pero podríamos preguntarle si podemos enviarle un libro con un marcador escondido encima de esta página). ¿Por qué? Porque la suya es el tipo de historia que narra. Tomaría un poco más de espacio del que tenemos para describirlo totalmente aquí, por lo que solo proporcionaremos tres avances:

1. A la edad de 15 años, Novellus decidió que no quería que su madre se preocupara por pagar su educación, pidió algunos artículos de papelería y estampillas, escribió cartas a 200 destinatarios (no personas u organizaciones con las que necesariamente había tenido contacto) y recaudó $ 600,000. Esto fue antes de que el término "financiación colectiva" fuera adoptada.
2. Ella cree en múltiples: grados: BS, BA, MS, DSc, todos obtenidos con Summa cum Laude; emprendimientos comerciales que ayudan a los emprendedores comerciales: EnrichHER, TechStars, TheWealthyYogi.com, Bootstrap Capital, y esos son solo los actuales; y nunca darse por vencida: esos $ 600,000 que acabamos de describir, semanas en un ashram en Tailandia para auto conocerse; atravesar cualquier burocracia para llevar a cabo cualquier empresa que sirva a su propósito.

3. Ella tiene una capacidad de pensar similar al autor Gladwell cuando se enfoca en los problemas.

"Ya sabes", reflexiona Novellus, "la noción de acceso y apoyo a los grupos de líderes de pensamiento poco representados, como las mujeres, es con demasiada frecuencia algo de lo que las personas simplemente hablan y no hacen nada al respecto. Hacer algo al respecto significa romper el techo de cristal".

Curiosamente, al buscar financiación para sus propios negocios, Novellus señala que hay tres enfoques, cada uno viable a su manera. "Puede recurrir a quienes tienen un historial de este tipo de inversión, puede recurrir a quienes no lo hacen y argumentar que sería bueno para su imagen, o simplemente puede señalar el éxito esperado y apelar a aquellos que conocen a un ganador cuando lo ven".

COCO BROWN es el CEO y fundador de Athena Alliance, un ecosistema curado de base digital que está revolucionando el desarrollo y el acceso al liderazgo. La misión de Athena es garantizar que todos los líderes (empresarios, inversores, ejecutivos y directores de la junta) operen a sus niveles más altos de impacto. Las mujeres obtienen acceso a las redes de poder que les aseguran estar en el lugar correcto en el momento adecuado para una variedad de oportunidades comerciales. Además, los inversores, las empresas y los consejos de administración obtienen acceso a las mejores mujeres en los negocios.

Basado en su experiencia, Brown afirma que en los negocios estadounidenses, la nueva normalidad se está convirtiendo en un estado de fluidez, y lo que eso significa es:

- se valoran los cambios y las diferencias;

- aceptar y aprovechar la diversidad permite una capacidad mucho mayor para adaptarse al cambio; y
- la capacidad de cambiar y adaptarse rápidamente es clave para la ventaja competitiva.

Como ella lo explica:

Nos damos cuenta de que la diversidad es clave para el éxito. Como iguales en la economía actual, las mujeres constituyen la mitad de la fuerza laboral y la mitad del sostén de la familia. Es más, toman el 83 por ciento de las decisiones de compra, incluso en situaciones consideradas hasta ahora del dominio de los hombres. Por ejemplo, las mujeres toman la decisión el 65 por ciento del tiempo para la compra de un automóvil, el 89 por ciento del tiempo con respecto a los servicios financieros y el 80 por ciento de las decisiones de atención médica.

Dicho esto, las mujeres siguen estando infrarrepresentadas en el mundo empresarial. Solo el 29 por ciento de los vicepresidentes, el 21 por ciento de los vicepresidentes senior y el 21 por ciento de los ejecutivos de C Suite en todas las industrias y tamaños de negocios son mujeres, lo que representa un crecimiento de solo el 6 por ciento, 1 por ciento y 4 por ciento, respectivamente, en los últimos cuatro años.

Las mujeres han ocupado tradicionalmente roles de liderazgo que se centran más en las personas y la conexión con las personas, y muchos menos de los roles principales en productos, finanzas y ventas. Y, curiosamente, los roles que las estructuras corporativas estadounidenses tradicionalmente ponen más cerca del CEO son esos roles dominados por hombres. Pero, con el creciente poder del consumidor y el surgimiento de una sociedad conectada cuya voz tiene un peso y una consecuencia tremenda, esto está cambiando. Y esto es bueno para las mujeres.

A medida que la cultura y la supervisión del mercado, el diseño organizacional y el riesgo de las personas comiencen a ocupar los primeros lugares en los dominios del liderazgo, también lo harán las mujeres. Las mujeres ya representan:

- 55 por ciento de los directores de recursos humanos
- 35 por ciento de los directores de cumplimiento
- 35 por ciento de los directores médicos
- 32 por ciento de los directores de marketing
- 19 por ciento de los directores de información y los directores de tecnología.

CHRISTINA HALL tiene plena confianza en "sí se puede". Ella no está ni un poco intimidada por el hecho de que se desempeñó como vicepresidenta sénior y directora de personal en LinkedIn, la compañía que es para "asuntos de personas" lo que Tiffany es para el vidrio. Nuestra entrevista deja dos cosas muy claras: le encanta ese trabajo y es perfecta para él. Y está bastante convencida de que la cuestión de hacer que las personas se sientan escuchadas y que pertenecen a un entorno corporativo tiene mucho que ver con la comunicación: con los compañeros, sobre los objetivos, ida y vuelta de equipo a equipo y niveles de empleo / gestión. En una publicación de blog en su propio sitio de LinkedIn, ofrece un buen ejemplo y su voz está llena de descubrimiento y entusiasmo mientras lo elabora. Para asegurar una comunicación regular sobre una base mensual, Hall estableció algo conocido como "HallTalk", mediante el cual envía por correo electrónico una encuesta de tres preguntas a todos los empleados que utilizan la plataforma Glint de la empresa. La primera pregunta no cambia: "¿Qué tan feliz estás trabajando en LinkedIn?" La pregunta dos es sustantiva y está destinada a conectarse con lo que los empleados están experimentando en su vida laboral. La tercera pregunta es alegre y divertida. "Realmente no creo que este tipo de conexión siempre tenga que ser tan importante y seria", insiste Hall. También es muy consciente de que diferentes personas prefieren diferentes modalidades de aprendizaje: cara a cara, lectura, correo electrónico o mensajes de texto, etc. El trato es asegurar que uno sea atractivo para todas las modalidades. A partir de esta encuesta, Hall elabora un informe sobre lo que ha escuchado, ofrece comentarios basados en su propia experiencia profesional y sugiere los próximos pasos. Un problema / oportunidad ... recopilación de datos ... análisis ... estrategia. ¿Suena familiar?

DOUG MERRITT es director ejecutivo de Splunk, una compañía de software empresarial que se especializa en simplificar (¿quizás incluso más fácil?) a los clientes la recopilación, monitoreo, análisis y la acción de los datos recopilados en varios ámbitos (sistemas de seguridad, aplicaciones comerciales, infraestructura tecnológica) en formas que brindan información valiosa en beneficio de sus organizaciones. Merritt es firme en su afirmación de que una cultura de inclusión impulsa el éxito empresarial al crear un lugar de trabajo en el que todas las personas se sientan valoradas y estén capacitadas para hacer su mejor trabajo. La estrategia de Splunk se articula en tres pilares principales: Hacer crecer y cultivar una fuerza laboral cada vez más diversa; Apoyar y fomentar una cultura de inclusión en el lugar de trabajo; e Impulsar el cambio en el mercado. Una revisión rápida de varias políticas de la compañía sugiere que él y su equipo de administración están comprometidos no solo a encontrar, sino a retener empleados talentosos de una amplia gama de antecedentes. Durante el proceso de contratación, se han implementado varias herramientas para reducir los prejuicios inconscientes del idioma en las descripciones de puestos y en los formularios de evaluación de candidatos. Actualmente hay nueve Grupos de Recursos para Empleados de base, y más de la mitad de la población de empleados es miembro o aliado de al menos un grupo. Y en el mercado, Splunk ha capacitado a más de 11,000 veteranos a través de asociaciones de capacitación estratégica con organizaciones como Year Up, Vets in Tech, DOD Skillbridge y Hire Military.

JAMES (JIM) GASH, presidente de la Universidad de Pepperdine, podría tener una experiencia personal más significativa con diversidad de pensamiento que la mayoría de los académicos. En un libro titulado Divine Collision: An African Boy, An American Lawyer, and Their Remarkable Battle for Freedom, relató su experiencia trabajando para liberar a un adolescente ugandés acusado injustamente y encarcelado en su propio país. Seguramente, la experiencia de Gash como abogado fue invaluable, pero sin su clara comprensión de las diferencias culturales y filosóficas, poco podría haberse logrado. Él está convencido de que en cualquier rol de liderazgo "resolver eficazmente un problema y asegurar que en el proceso no creemos otro requiere la participación de personas con una gran cantidad de perspectivas diferentes. Cada uno de nosotros está cargado con un punto de vista (socioeconómico, cultural, político) derivado de nuestras experiencias de vida. Tener el rango completo en la sala es invaluable".

ENDNOTES

1   Clayton M. Christensen, *The Innovator's Dilemma: When New Technologies Cause Great Firms to Fail*, (Brighton, MA: Harvard Business School Press, 1997) pdfs.semanticscholar. org/1b9c/8b37c8d28398f094582add71f65eec1cad1d.pdf.

2   www.goodreads.com/quotes/626607-dealing-with-failure-is-easy-work-hard-to-improve-success.

3   Chunka Mui, "How Kodak Failed," www.forbes.com/sites/chunkamui/2012/01/18/how-kodak-failed/#14c773a36f27.

4   James Surowiecki, "Where Nokia Went Wrong," www.newyorker.com/business/currency/where-nokia-went-wrong.

5   John Kay, "Why Sony Did Not Invent the Ipod: Industries with the power to hold back economic growth open the door to outsiders," www.ft.com/content/7558a99e-f5ed-11e1-a6c2-00144feabdc0.

6   Paul Graham, "A Way to Detect Bias," www.paulgraham.com/bias.html.

7   Darmesh Shah, "16 Brilliant Insights from Steve Jobs Keynote Circa 1997," www.onstartups. com/tabid/3339/bid/58082/16-Brilliant-Insights-From-Steve-Jobs-Keynote-Circa-1997.aspx.

8   Claire Cain Miller, Kevin Quealy and Margot Sanger-Katz, "The Top Jobs Where Women Are Outnumbered by Men Named John," www.nytimes.com/interactive/2018/04/24/upshot/women-and-men-named-john.html.

9   Eve Fine and Jo Handelsman, Reviewing Applicants: Research on Bias and Assumptions (Madison, WI: Women in Science and Engineering Institute, University of Wisconsin, Madison) https://wiseli.wisc.edu/wp-content/uploads/sites/662/2018/10/BiasBrochure_3rdEd.pdf.

10 Abigail Cain, "The Life and Death of Microsoft Clippy, the Paper Clip the World Loved to Hate," www.artsy.net/article/artsy-editorial-life-death-microsoft-clippy-paper-clip-loved-hate.

11 Rachel Thomas, Marianne Cooper, PhD, Ellan Konar, PhD, Megan Rooney, Mary Noble-Tolla, PhD, Ali Bohrer, Lareina Ye, Alexis Krivkovich, Irina Starikova, Kelsey Robinson, Marie-Claude Hadeau, and Nicole Robinson, PhD, Women in the Workplace 2018 (LeanIn and McKinsey and Co., 2018) https://womenintheworkplace.com/.

12 Ben Paynter, "Non-Profits Know They Need to Get More Diverse—but They Aren't," www. fastcompany.com/90206257/nonprofits-know-they-need-to-get-more-diverse-but-they-arent.

13 Ben Paynter, "The People Running Non-Profits Continue to Be Rich, White, and Unsure How to Change That," www.fastcompany.com/90297272/the-people-running-nonprofits-continue-to-be-rich-white-and-unsure-how-to-change-that.

14 Zameena Mejia, "Just 24 Female CEOs Lead the Compnies on the 2018 Fortune 500—Fewer Than Last Year," www.cnbc.com/2018/05/21/2018s-fortune-500-companies-have-just-24-female-ceos.html.

15 www.catalyst.org/research/women-ceos-of-the-sp-500/.

16 Grace Donnelly, "The Number of Black CEOs at Fortune 500 Companies Is at Its Lowest Since 2002," http://fortune.com/2018/02/28/black-history-month-black-ceos-fortune-500/.

CAPÍTULO CUATRO

El Cambio de Guardia: Demografía en Evolución

—

En un comentario que escribió para *The Globe and Mail* en 2017,[1] Mark Milke, presidente de la Sociedad Sir Winston Churchill de Calgary, ofreció un análisis exhaustivo de por qué Sears Canadá estaba fallando. Sugirió una fórmula que llamó "los tres yoes": las ideas correctas, las personas y los intereses alineados. Como lo explicó: "Sears falló porque aparentemente nadie en la Dirección Ejecutiva o en el nivel de la Junta Directiva tenía las ideas correctas sobre el nuevo entorno minorista; eso significa que por algún tiempo Sears fue dirigido por individuos equivocados".

Al principio, eso suena como un llamado para limpieza de los altos cargos / Junta Directiva. Pero un mejor enfoque implica dos elementos: (1) la "mezcla" correcta; y (2) informar y convencer a las personas existentes sobre lo que les espera. Ambos pueden depender de la inclusión para su éxito.

Las encuestas a los clientes, incluso las más válidas estadísticamente, a menudo miden las opiniones de las personas encuestadas, no sus conocimientos. Y si esas opiniones se derivan solo de experiencias, son, por definición, limitadas. Como se suele citar a Henry Ford diciendo: "Si hubiera preguntado a la gente qué querían, habrían dicho caballos más rápidos".

Inventar el futuro, como se discutió en el último capítulo, es exitoso cuando la planificación se enfoca en lo que debe ser, no en lo que es ahora. Un equipo de liderazgo que presenta una colección de mentes creativas, que representan una amplia gama de antecedentes culturales, experiencias comerciales y conjuntos de habilidades específicas, puede exhibir el tipo de fuerza que no tiene que buscar la luz al final del túnel porque puede encuentra el camino alrededor del túnel.

Los científicos sociales y consultores de negocios ven cambios radicales demográficos por delante para los Estados Unidos.

A lo largo de la historia

En el frente de la población, según el informe de la Oficina del Censo de EE. UU. De marzo de 2018:[2]

- En 2016, aproximadamente el 15 por ciento de la población tenía 65 años o más. Para 2060, ese número será del 23 por ciento. En números brutos, eso significa casi el doble: 49 millones a 95 millones. Eso produciría un Estados Unidos que se parece mucho a Japón en la actualidad, pero que aún no enfrenta un fenómeno de envejecimiento tan grave como Japón, Canadá, Alemania, Italia, Francia y España.
- Entre ese segmento más antiguo, las mujeres superarán en número a los hombres, pero menos. En 2016, había 79 hombres por cada 100 mujeres en los EE. UU. Mayores de 65 años. En 2060, el número proyectado de hombres es de 86.
- Si bien se proyecta que los niveles de inmigración se mantendrán relativamente estables, debido al envejecimiento de la población, las tasas de mortalidad superarán las tasas de natalidad y aumentará la proporción del crecimiento de la población atribuido a la inmigración. Además, los residentes nacidos en el extranjero suelen experimentar tasas de mortalidad más bajas y una mayor esperanza de vida que los estadounidenses nativos, y las mujeres nacidas en el extranjero tienen un poco más de hijos. Sí, esto aumentará

el porcentaje de nacidos en el extranjero del 14 por ciento actual al 17 por ciento en 2060.

Ha habido más de un pequeño revuelo por las proyecciones que, según se informa erróneamente, sugieren que en el futuro cercano los hispanos superarán en número a los blancos. No es tanto así. Lo que está sucediendo, como William H. Frey, miembro principal de la Brookings Institution analiza los datos,[3] es que, a partir de 2045:

- Los blancos, con un 40.7 por ciento, ya no constituirán la mayoría de la población. El resto se divide en 24.6 por ciento hispano, 13.1 por ciento negro, 7.9 por ciento asiático y 3.8 por ciento multirracial.

- Aquí están en juego dos tendencias, explica Frey: (1) Para 2060, las poblaciones de minorías raciales habrán crecido en un 74 por ciento (desde 2018); y (2) el envejecimiento de la población blanca, que continuará creciendo hasta 2024, comenzará una larga disminución a medida que las muertes superen a los nacimientos.

De especial importancia en el análisis de Frey es el hecho de que el punto de inflexión varía significativamente según la edad, hasta el punto de que, para los menores de 18 años, las minorías superarán en número a los blancos en 2020. Para 2060, los proyectos del Censo, los blancos constituirán un poco más de un tercio de la población menor de 18 años.

Aproximadamente al mismo tiempo que se emitió el Informe del Censo en 2018, el Centro de Investigación Pew identificó siete tendencias demográficas que se espera que generen cambios significativos.[4] Tres de ellas podrían afectar especialmente la forma en que los líderes empresariales deben planificar:

- El 20 por ciento, un número récord, de estadounidenses vive en hogares multi-generacionales.

- Hubo un tiempo en que esencialmente no hubo diferencia en el nivel de educación de los estadounidenses en función del estado civil. Ahora, la mitad de aquellos con un título de secundaria y sin universidad están casados; El 55 por ciento con educación postsecundaria está casado y el 65 por ciento de los que tienen estudios universitarios están casados.

- Los Millennials (los nacidos entre 1981 y 1996), que ya representan más de un tercio de la fuerza laboral, superarán a los Baby Boomers como el segmento de población más grande en los EE. UU. En 2019.

Curiosamente, un estudio generacional que forma parte de la serie de Goldman Sachs *What If I Told You*[5] incluye una comparación de Millennials y Generación Z, el mayor de los cuales nació en 1998 y (según Bloomberg Research) superará en número a Millennials a partir de 2019. El analista de investigación de Goldman Sachs, Christopher Wolf, cita estadísticas de la Oficina del Censo cuando pronostica que para el próximo año más de la mitad de los niños en Estados Unidos pertenecerán a un grupo no blanco o étnico.

Las características de la Generación Z que postula el estudio de Goldman Sachs que son de particular interés para la comunidad empresarial son:

- En la moda, una preferencia por lo insulso, básico, a veces llamado "Nomcore" o "Normcore", sin necesidad de destacarse con una marca específica.
- Económicamente conservadores
- Más conscientes de proteger su reputación en línea que los Millennials
- Emprendedores
- Expertos en compras en línea, que cuando se combina con su punto de vista financiero elige cualquier muestra por el mejor trato.

John Wang, fundador y presidente del Centro de Desarrollo de Negocios Asiático-Americano, escribiendo para el *Huffington*

Post "What's Working: Purpose + Profit platform",[6] agrega que la Generación Z será el grupo con mayor diversidad racial. De hecho, nuevamente según la Oficina del Censo de los EE. UU., 2020 verá a poco más de la mitad de los niños menores de 18 años provenientes de una raza o grupo étnico "minoritario". Agrega que, también en 2020, Gen Zers representará el 30 por ciento de la fuerza laboral y el 40 por ciento del mercado de consumo, con un poder adquisitivo de más de $ 100 mil millones.

LA ENCUESTA DE PLANIFICACIÓN DE TRES PUNTOS

Clientes: un estudio de Canvas8 sobre las tendencias del consumidor en 2019[7] concluye que el complemento más joven será:

- Más expresivo, menos conforme en el aspecto de moda / belleza.
- Centrado en el consumo responsable.
- Con una alimentación saludable.
- Tal vez inclinarse hacia una combinación de lo físico y lo digital en las experiencias de compra, basado en la preferencia de "conservar los productos" y la preocupación por el desperdicio generado por las compras en línea.

Estos son solo algunos de los cambios previstos. ¿Cómo puede ajustar los productos y servicios para cumplir con las expectativas de los Millennials y los prometedores de la Generación Z si nadie con capacidad de decisión los comprende? Mejor aún, ¿cómo puede impulsar esas expectativas si algunos de estos grupos de edad no son parte del equipo a la cabeza?

Entornos laborales: en su informe de 2019[8] sobre la futura fuerza laboral, Upwork descubrió que más de la mitad de los gerentes Millennial / Gen Z ven la planificación de la fuerza laboral como una prioridad, y este grupo tiene el doble de probabilidades que los Boomers de traducir eso en iteraciones más flexibles, como trabajo en casa e independientes. ¿Estás listo?

Capacitación de empleados: en un informe de 2019, el Foro Económico Mundial,[9] en colaboración con el Boston Consulting Group, predijo que los 1,37 millones de trabajadores en los EE. UU. Que serían desplazados por inteligencia artificial y otros avances según la Oficina de Estadísticas Laborales podrían volver a capacitarse a puestos nuevos y de salarios más altos por aproximadamente $ 24,800 cada uno. ¿Es probable que estos estén sesgados hacia un grupo de edad? ¿Estás listo? [Los principales trabajos en declive incluyen puestos como secretarios y asistentes administrativos (excepto en entornos ejecutivos, legales y médicos), cajeros, empleados de líneas de producción, contables, empleados de contabilidad y auditoría, etc.]

¿Es un poco tonto agrupar todas las culturas no blancas en un perfil de cliente, especialmente ahora que esas culturas representan más de la población total que el grupo blanco? ¿Qué información necesita y cómo conseguirá que incluya adecuadamente diferentes perspectivas y hábitos de compra?

Mitos y modalidades de inmigración

En 2017, el Center for American Entrepreneurship echó un vistazo a las compañías Fortune 500[10] para ese año y descubrió que más de la mitad de los 35 principales fueron fundados por un inmigrante o el hijo de un inmigrante. De la lista completa de 500, 216 cumplieron ese criterio y representaron 12.1 millones de trabajadores en todo el mundo y $ 5.3 trillones en ingresos globales. Quizás el mensaje más convincente derivado de esos números fue expresado por Ian Hathaway, escribiendo para la Brookings Institution:[11]

> Aunque representan menos del 14 por ciento de la población, los inmigrantes encontraron casi una cuarta parte de todos los negocios nuevos, casi un tercio de las empresas respaldadas por empresas y la mitad de las nuevas empresas de alta tecnología de Silicon Valley.

Muchos fundadores nacidos en el extranjero de compañías estadounidenses icónicas, las de Fortune 500... eran pobres, jóvenes y huían de duras condiciones económicas y políticas. Un estudio reciente de Harvard Business School encontró que, entre los empresarios nacidos en el extranjero, aquellos que vienen aquí desde niños tienen uno de los mejores resultados comerciales (tasas de crecimiento y supervivencia).

Entonces, podemos descansar tranquilos. Las habilidades y talentos de los inmigrantes como empleados y su potencial de compra potencial se están reconociendo adecuadamente. Difícilmente. (Más sobre esto, sin embargo, en el Capítulo 5). Un artículo de *Forbes* de 2017[12] citó un análisis de Nerdwallet sobre el poder adquisitivo de los hogares que mostró que en 45 estados los inmigrantes ganaban menos dinero que sus homólogos ciudadanos estadounidenses.

Quizás porque el clima político estadounidense de 2019 está plagado de contrademandas que involucran la necesidad de una frontera sur reforzada, mientras este libro está siendo escrito, hispanos tienden a atraer más ataques que otros entre los nacidos en el extranjero. Curiosamente, para 2017, solo el 34.4 por ciento de los hispanos en los EE. UU. eran inmigrantes, según Pew Research.[13] Sin embargo, ya sean nacidos en el extranjero o no, los hispanos constituyen un mercado importante, especialmente porque representan un gran complemento de los clientes potenciales más jóvenes y empleados. Parker Morse, CEO de H Code Media, ofrece algunas estadísticas relevantes:[14]

- Aproximadamente uno de cada cuatro niños menores de 9 años en los Estados Unidos es hispano.
- El marketing anual de la marca en televisión para hispanos supera los $ 6 mil millones.
- Los hispanos pasan más tiempo en dispositivos móviles que el resto de la población, y también es más probable que usen plataformas de transmisión en esos dispositivos.
- Casi la mitad de los Millennials hispanos dicen que hablan sobre marcas en línea con otros o usan los hashtags de las marcas en comparación con el 17 por ciento de los no hispanos.

Sabemos desde una perspectiva étnica que más del 50 por ciento de los niños de kindergarten de hoy que ingresan a las escuelas públicas de Silicon Valley son latinos.

~ Carl Guardino | Presidente y CEO, Grupo de Liderazgo de Silicon Valley

En un artículo publicado en *Inc.* Magazine, Michael A. Olguín, presidente de Havas Formula PR,[15] ofrece una perspectiva de investigación cualitativa, describiendo a los hispanos como leales a sus amigos, familiares y creencias. Las empresas interesadas en su poder adquisitivo son de $ 1.7 billones, que se espera aumente a $ 1.9 billones para 2022, recordarán esto.

LA ENCUESTA
DE PLANIFICACIÓN
DE TRES PUNTOS

Clientes: es una práctica común entre los estadounidenses agrupar varias culturas bajo una sola etiqueta. Así como hay diferencias medidas (y a veces atesoradas) entre un estadounidense que creció en Oklahoma y uno que creció en Oregón, también hay diferencias sustanciales entre un mexicano-estadounidense y un peruano-estadounidense, ambos categorizados como "hispanos". Del mismo modo, aunque compartir un idioma es importante, rara vez es suficiente. De hecho, los hispanos informan que tienen más probabilidades de participar en línea en inglés si su misión es comercial en lugar de personal. Al principio, al citar el estudio de McKinsey sobre los efectos de la inclusión, recordatorio abreviado: el EBIT aumenta un 8 por ciento por cada aumento del 10 por ciento en la tasa de diversidad racial y étnica en el nivel ejecutivo superior y se puede esperar que las empresas étnicamente diversas sean más probables para superar a sus medianas basadas en la industria en un 35 por ciento, notamos que esto puede no presupone una causalidad directa. Lo que se puede argumentar con seguridad es que una empresa inclusiva ha hecho el trabajo para determinar con precisión qué tipos de inclusión, qué tan generalizados y en qué niveles son importantes. ¿Lo has hecho?

> Como solía decirme mi madre cuando
> era pequeña, "es importante amar ambas
> culturas". Las marcas deberían seguir
> el mismo consejo..."
>
> ~ Michael Olguín | CEO de Havas Formula

Entornos laborales: los latinos y las latinas que respondieron a un estudio de *Harvard Business Review* en 2016[16] insistieron en que sentían que era necesario reprimir sus personalidades naturales: ser menos emocionales, usar menos las manos, vestirse y comportarse de manera coherente con una "presencia ejecutiva". Estas mismas personas comienzan a creer que sus ideas tampoco son bienvenidas y valoradas. Quizás el tema más dramático en los últimos años en los entornos laborales ha involucrado a mujeres musulmanas que optan por usar un pañuelo en la cabeza. En 2017, Tasneem Afridi, quien creció en Pakistán, comenzó a producir una serie de YouTube que trataba sobre sus experiencias como hijabi. Recibió una beca de YouTube Creators for Change por su trabajo. En un artículo escrito para refinery29.com,[17] señala que está feliz de tener la oportunidad de discutir sus antecedentes y creencias con sus colegas y nunca ha experimentado una discriminación evidente en el lugar de trabajo, pero dice que está sujeta a lo que llama "micro-agresiones". dentro y fuera del lugar de trabajo. Tratando de contener sus reacciones emocionales cuando su fe surge en el trabajo, ella sostiene que "no es apropiado para personas solteras, especialmente en un entorno profesional". Y en sus oficinas corporativas, ¿cómo le iría?

Capacitación de empleados: Por supuesto, hay una amplia variedad de empresas que ofrecen capacitación de empleados sobre inclusión y diversidad, pero como señala un artículo de investigación de *Harvard Business Review* publicado en 2017,[18] también existe una falta de consenso sobre si la capacitación es efectiva o no, y algunos sugieren que incluso puede crear una reacción violenta. Los investigadores coincidieron en que el éxito del entrenamiento puede diferir significativamente, pero a partir de sus experimentos recomendaron lo que denominaron "toma de perspectiva", que definen como "caminar mentalmente en los zapatos de otra persona". Hicieron que sus sujetos escribieran algunas oraciones que describieran cómo podría sentir un grupo marginado particular, y luego probó la actitud de los sujetos sobre otra minoría, descubriendo que mostraban actitudes y comportamientos más positivos. (Sin embargo, en un informe de seguimiento un año después, los resultados de otro proyecto de investigación revelaron que la toma de perspectiva no logra aumentar la comprensión de lo que otros quieren).[19] Un segundo método que su investigación demostró ser eficaz es el establecimiento de objetivos, lo que significa establecer objetivos que tengan que ver con la inclusión que sean específicos, medibles y difíciles de alcanzar. ¿Quién en su organización podría encargarse de desarrollar y ejecutar este tipo de capacitación?

Hablando sexualmente

Hoy en día, la utilidad de presentar estadísticas para verificar la brecha salarial entre hombres y mujeres en los Estados Unidos es limitada. Pocos argumentan que existe; pero algunos continúan insistiendo en que no importa o está justificado. La misma actitud dividida se aplica a la definición del número apropiado de mujeres en la fuerza laboral: ¿igual al porcentaje en la porción de la población con empleo? ¿Igual al porcentaje de personas adecuadamente capacitadas para el puesto? ¿Está definido por factores basados en la industria?

En un informe exhaustivo de 2018 titulado "Mujeres en el lugar de trabajo",[20] LeanIn y McKinsey & Company tratan estos y otros problemas, y descubren que:

- La representación insuficiente de las mujeres no se debe al desgaste; se quedan atrás desde el principio.
- Al recibir menos apoyo de los gerentes y tener menos acceso a los líderes superiores, las mujeres sienten que les es más difícil avanzar y que, después de todo, el lugar de trabajo no es justo.
- El acoso sexual sigue siendo frecuente.
- Los investigadores sugieren seis acciones que las empresas podrían tomar. Pon a prueba tu empresa en esto:
  1. Comience con lo básico y haga lo correcto: objetivos...responsabilidad...informe.
  2. Asegúrese de que la contratación y las promociones sean justas en todos los ámbitos.
  3. Establezca a sus líderes y gerentes superiores para que sean campeones de la diversidad.
  4. Trabaje para que su cultura corporativa sea inclusiva y respetuosa.
  5. Limite o elimine los casos en que una mujer es la "única mujer".
  6. Ofrezca a sus empleados la flexibilidad de adaptar su trabajo a sus vidas.

Todo esto, por supuesto, deriva de hacer de la inclusión de género una prioridad. Los beneficios, dicen los autores de McKinsey, están probados: "nuevas ideas, mejores resultados y empleados más felices".

LA ENCUESTA DE PLANIFICACIÓN DE TRES PUNTOS

Clientes: Emily Chang, en su libro titulado *BROTOPIA: Breaking Up the Boys Club of Silicon Valley,*[21] ofrece un caso de estudio particularmente relevante sobre cómo el empleo de mujeres puede cambiar rápidamente la aceptación de los clientes y el uso de un producto o servicio. La compañía es Redfin, una compañía de tecnología inmobiliaria fundada en 2004 y con sede en Seattle. Estaba teniendo dificultades para que sus agentes usaran un software en particular que automatizara los horarios de visitas a domicilio. Cuando se contrataron más ingenieras, los desarrolladores decidieron visitar a algunos de los agentes (más de la mitad de los cuales eran mujeres y muchos sin títulos universitarios) antes de continuar con el desarrollo. Esa visita provocó una reelaboración del producto, que a su vez triplicó la adopción y generó $ 30 millones adicionales en ingresos durante 18 meses. ¿Qué preguntas debe hacer y quién debe hacerlas?

Entornos de trabajo: los seis puntos anteriores se aplican aquí, pero también pueden ser mejorados por la experiencia Redfin. Cuando una mujer llamada Bridget Frey fue ascendida a directora de tecnología, comenzó a hacer cosas que construirían un sistema de justicia. Al mismo tiempo, reclutó para puestos de ingeniería a mujeres con antecedentes no tradicionales, y se mudó del equipo de marketing de Redfin. ¿Y se desempeñaron tan bien como sus homólogos graduados en informática? Fueron promovidos aproximadamente al mismo ritmo.

Capacitación de empleados: concéntrese una vez más en los seis puntos anteriores y luego, nuevamente, esto es lo que Frey tiene que decir sobre la experiencia Redfin. El conflicto, sostiene, puede ser algo bueno siempre y cuando le enseñes a la gente cómo lidiar con él y se mantengan abiertos a cometer errores. Ella admite que cuando se trata de inclusión, las mejores prácticas aún están desarrollándose, por lo que habrá momentos incómodos. Es crucial para el proceso mantener a todos los trabajadores informados sobre lo que está tratando de hacer, tener los datos para justificar sus iniciativas y estar listos para hablar abiertamente sobre cómo está avanzando el proceso.

Tony West, cuya carrera ha abarcado puestos legales con PepsiCo y Uber, así como su trabajo como Asistente del Fiscal General de los Estados Unidos, insiste en que el tema de la inclusión "no es ciencia espacial". Como él explica más adelante: "Este no es un tema complejo. Se trata de ser intencional... ser consciente, si quieres.

Quién es qué

Originalmente una "taxonomía" social razonablemente simple, la costumbre de clasificar a las personas nacidas desde principios del siglo XX en "generaciones" con etiquetas y características distintivas se ha vuelto un poco desordenado a medida que diferentes investigadores no coinciden en las fechas y agregan descriptores que pueden no haber sido verificados con suficiente investigación. Aún así, una breve descripción puede ayudar a las personas y organizaciones que trabajan en temas de inclusión a identificar puntos de presión. Como de costumbre, las fechas se refieren a los años de nacimiento, y es importante recordar que no importa cuál sea la fuente, las descripciones generacionales pueden convertirse en lo que se hace referencia en publicidad y se usa seguido en propaganda como "generalidades brillantes", sin mencionar los estereotipos.

GI de 1901 a 1924 – *La Mejor Generación* de Tom Brokaw

En el trabajo: respeta la autoridad, sigue las reglas, hace las cosas bien, son leales

Estilo de liderazgo: directo, autoritario, formal.

Familia: típicas madres que se quedan en casa

Lo que queremos: seguridad financiera, atención médica, contacto humano.

SILENT de 1925 a 1945 – también a veces combinado con GI y referido como los veteranos o tradicionalistas

En el trabajo: respeta a la autoridad, sigue las reglas, hace las cosas bien

Estilo de liderazgo: directo, autoritario, formal.

Familia: típicas madres que se quedan en casa, mientras que otras salen a buscar empleo

Lo que queremos: respeto por la experiencia, lealtad organizacional

BABY BOOMERS de 1946 a 1964

En el trabajo: enfatiza la calidad, trabaja eficientemente y el tiempo que sea necesario

Estilo de liderazgo: colaborador, trabajador de equipo, le gustan las reuniones, a veces no apoyan la flexibilidad

Familia: nuclear tradicional, pero afectada por los cambios de valor generados por la Segunda Guerra Mundial

Tecnología: enfocado en la productividad, que sea cómodo

Lo que queremos: ser valorados por sus contribuciones

GENERACIÓN X de 1965 a 1979 – también la generación Sándwich

En el trabajo: buscan estructura y dirección, pero son escépticos; aceptan el cambio; pioneros tecnológicos; emprendedores

Estilo de liderazgo: igualitarios y justos, pero dispuestos a desafiar a otros y preguntar "por qué"; autosuficientes

Familia: niños independientes

Lo que queremos: flexibilidad de horarios, equilibrio de vida / trabajo

MILLENNIALS 1980 a 2000 – en un primer momento también Generation Y and Me Generation

En el trabajo: emprendedores, usan el trabajo para el cumplimiento, orientado a objetivos, incluir la inclusión

Estilo de liderazgo: siente presión para tener éxito, el enfoque tecnológico puede afectar negativamente las habilidades interpersonales;

Familia: fusión, aumento del entrenamiento parental

Lo que queremos: flexibilidad, la oportunidad de trabajar con personas brillantes e innovar

GENERACIÓN Z 2001 a 2013

En el trabajo: respeta la autoridad, sigue las reglas, hace las cosas bien, en gran medida emprendedor

Estilo de liderazgo: directivo, autoritario, pero también cauteloso

Familia: no tradicional, del mismo sexo, no matrimonial

Lo que queremos: por determinar

All sources post 2010, and include but are not limited to: www.kepner-tregoe.com/blog/critical-thinking-spanning-the-generations; www.fdu.edu/newspubs/magazine/05ws/generations. html; https://www.businessinsider.com/au/hw-millennials-gen-x-and-boomers-shape-the-workplace-2013-9; www.psychologytoday.com/us/blog/the-truisms-wellness/201602/ baby-boomers-generation-z; www.npr.org/2014/10/06/349316543/don-t-label-me-origins-of-generational-names-and-why-we-use-them; www.npr.org/2014/11/18/354196302/ amid-the-stereotypes-some-facts-about-millennials; www.theatlantic.com/sponsored/ goldman-sachs-2016/what-if-i-told-you-gen-z-matters-more-than-millennials/903/; www.thoughtco.com/living-past-90-in-america-3321510; https://www.lindseypollak.com/ different-generations-workplace-definitive-guide.

PERSPECTIVAS DE MODA

Insights obtenidas de Entrevistas Personales por los Autores

JAVIER VELÁZQUEZ, un receptor de DACA, es el Fundador y CEO de Uproot, una compañía con sede en Atlanta que ayuda a las pequeñas empresas a planificar y ejecutar campañas de marketing en redes sociales. Un firme creyente en retribuir, tanto financiera como socialmente, también es cofundador de DiscoverHorizons, una empresa con base cristiana que ofrece ropa y equipo para actividades al aire libre. Como él dice, sucintamente, "cuando contratas inmigrantes, esencialmente estás contratando emprendedores". Desde su punto de vista, los inmigrantes generalmente llegan con un enfoque empresarial, que es una parte esencial de su impulso para hacer una nueva vida para ellos mismos. También cree que es crucial demostrar a los políticos mediante el uso de datos sobre cambios demográficos en los últimos 25 a 50 años que es esta misma afluencia de "buscadores" quienes están impulsando el crecimiento económico en los Estados Unidos.

RICHARD HOLDEN es Comisionado Asistente de Operaciones Regionales en la oficina de San Francisco del Departamento de Trabajo de los EE. UU., Un puesto que lo pone a cargo de la recopilación de datos y el análisis de información para la Oficina de Estadísticas Laborales en una oficina que representa un área de ocho estados. Señala que para 2026 todos los baby boomers tendrán más de 62 años y continuarán constituyendo el grupo demográfico de mayor edad en este país. Además, aunque los blancos siguen siendo la mayoría de la población, también forman el segmento que está experimentando el menor cambio de población. Todos los demás grupos raciales están cambiando a porcentajes de dos dígitos, siendo los hispanos los más grandes, que también son los más jóvenes.

ELMY BERMEJO es la ex Representante Regional de West Coat para el entonces Secretario de Trabajo de los Estados Unidos, Tom Pérez, y anteriormente se desempeñó como Director de Asuntos Intergubernamentales para el Departamento de Trabajo de los Estados Unidos. Después de haber estado involucrada en cuestiones de política pública durante más de un cuarto de siglo, ha trabajado en el personal de funcionarios electos a nivel estatal y nacional. Ella recuerda claramente a principios de la década de 1980 a un jefe de personal en la oficina del Senado de los Estados Unidos donde estaba ayudando con el proceso de contratación, quien dijo sin rodeos: "Si no me traes un grupo diverso de candidatos, no estás haciendo tu trabajo". Cuando le preguntamos cómo recomendaría que un reclutador en una pequeña o mediana empresa pudiera estar convencida de ese enfoque, ella sugiere lo que llama un enfoque de "Margaret Meade". "Quizás el único mexicano que esa persona ha visto es alguien que trabaja en el jardín de un vecino", explica. ¿Y qué hay de invitarla a una fiesta? Déjala sentarse al lado de una latina que tiene una historia que deja en claro que ellos comparten algunas experiencias de vida".

JOHN CLEVELAND es vicepresidente senior de Recursos Humanos, Comunicaciones Internas y Compromiso de la Comunidad en Seagate, la compañía multimillonaria conocida por sus discos duros, pero se describe a sí misma un poco más globalmente como "la conexión esencial entre las personas y su contenido". La compañía figuraba entre los" Mejores empleadores "de *Forbes* en 2018, y con más de 50,000 empleados, no es poca cosa. Cleveland es muy consciente de las perspectivas y dificultades de varias prácticas de contratación. En un esfuerzo por alentar la inclusión, Seagate ha revisado su proceso de solicitud para centrarse en las habilidades, en lugar de los requisitos de título universitario para los puestos donde eso es factible. Él y su personal han descubierto que los candidatos que pueden estar interesados en las oportunidades pueden seleccionarse a sí mismos porque no tienen el título. También advierte que debe haber un enfoque en la diversidad. Un equipo diverso conducirá a mejores decisiones. ¿Y qué hay de la junta directiva en Corporate America? Cleveland ha observado el proceso a lo largo del tiempo y señala que con demasiada frecuencia las políticas y los debates sobre la inclusión son reactivos, y hay margen de mejora en la América corporativa para un análisis y acción más proactivos.

BART MYERS va directo al grano. En su perfil para el sitio web de Countable, la compañía que fundó después de que Tivo adquirió SideReel, otra compañía que había fundado, se describe como creyente en el "brillo de la Constitución, la necesidad de compromiso y un lugar para que todas las partes se unan".[22] Ese mismo enfoque directo define cómo se siente acerca de la inclusión y la diversidad. Primero, va más allá de las categorías estándar de género, edad, etnia. "Cuando las experiencias de vida son diferentes, también lo son los puntos de vista", señala. "El cinturón industrial es diferente de Berkeley, California". En segundo lugar, argumenta que la inclusión / diversidad debe ser parte del "contrapiso" de la compañía. Admitiendo que puede ser un desafío, recurre a la comunicación, no es novedad. "Si los líderes no dejan absolutamente claro que ven esto como un valor central, nadie lo reconocerá".

MANNY RUIZ ha lanzado y operado una serie de empresas exitosas, pero no estamos seguros de que no se haya perdido la mejor. Leer su perfil de LinkedIn es más entretenido que ver a Trevor Noah en plena forma (o Robin Williams, si es el maestro de la comedia de su generación). Te dejaremos leerlo por ti mismo, pero como adelanto, todas las citas directas: (1) dos veces estudiante de secundaria de último año; (2) INTENTAR aprender guitarra por QUINTA vez; (3) sujeto de un anuncio nacional de BestWestern TV. Ha ganado premios por relaciones públicas, organizó eventos con entradas agotadas y ahora está en el negocio de proporcionar entretenimiento basado en la nostalgia como lo han experimentado varias generaciones. El nombre de su empresa es NostalgiaCon. La anterior era hispanizar, y el enfoque era étnico en lugar de generacional. ¿Y por qué cambió? "Veo el negocio generacional como una industria en crecimiento. Me doy cuenta de que tu generación no está en sintonía con lo que hizo mi generación.... Sin embargo, la nostalgia es universal". Y no está de más que haya escrito un diario cuando tenía 13 años, en la década de 1980.

KINGSLEY ADVANI le gustan las novedades: nuevas ideas, nuevas empresas, nuevos productos, nuevas inversiones, nuevas oportunidades de todo tipo. Actualmente fundador y socio de Chainfund Capital, ha trabajado con (una lista muy parcial) Airbnb, Uber e IBM. Al escribir esto, enumera en su página de LinkedIn las inversiones en empresas que involucran elementos tales como criptomonedas, blockchain, propulsión de agua para el transporte en el espacio, sistemas de lanzamiento para satélites pequeños...ya tienes la idea. Él es optimista, por decirlo menos, sobre el aumento de los inversores Millennials, a los que caracteriza por su gusto por lo nuevo y vanguardista, predispuesto a la tecnología y listo para adoptar formas tempranas y a menudo nuevas de hacer negocios, comunicarse y lograr. "Los Millennials queremos lo que sea transparente y bueno para el medio ambiente", dice, "y cuanto más inclusiva sea la toma de decisiones (y, por supuesto, la base de clientes potenciales), más escalable". futuro lejano en el que el mundo de las inversiones "incluirá a todos, muchos, muchos tipos de $ 1k".

STACEY FERREIRA sabe bastante sobre la gestión de la fuerza laboral: seguimiento, programación, maximización del talento, comunicación, compromiso de los empleados, las obras. Es cofundadora y directora ejecutiva de Forge, una plataforma de intercambio de talentos, y coautora de *2 Billion Under 20: How Millennials Are Breaking Down Age Barriers and Changing the World*. Como sugiere ese título, ella es optimista sobre cómo la tecnología y los humanos van a trabajar juntos en el futuro. En su opinión, no pasará mucho tiempo antes de que cada empresa tenga un componente tecnológico, y los humanos en el lugar de trabajo tendrán más flexibilidad. Ella tiene consejos específicos para propietarios y gerentes que desean retener a los empleados Millennials: "No tengan miedo de dejarlos ser libres y flexibles".

ALAINA PERCIVAL nunca ha tenido problemas para encontrar y ocupar puestos de liderazgo, por lo que tal vez no sea sorprendente que haya desarrollado una verdadera pasión por garantizar que otras mujeres con talento no solo puedan hacer lo mismo, sino que sepan por adelantado que pueden hacerlo. Como directora ejecutiva y presidenta de la junta directiva de Women Who Code, una organización sin fines de lucro centrada en inspirar a las mujeres a sobresalir en carreras tecnológicas, ha liderado el desarrollo de una membresía de más de 180,000 mujeres en 98 países en todo el mundo. La organización actualmente ofrece más de 1,500 eventos técnicos y de liderazgo gratis anualmente. "Mujeres Que Codifican, como lo conocí por primera vez", recuerda, "eran básicamente un grupo pequeño, poderoso y servicial, pero uno que podría describirse como" nuestro pequeño secreto". Sí, ha sido un trabajo duro conseguir llegar a esta etapa, pero cuando ves el impacto que puede tener, es un fuerte impulso para continuar".

Cuando se le pregunta qué hacen ella y su equipo para garantizar que sus propias prácticas de contratación sigan siendo inclusivas, señala que tienen un fuerte enfoque en evitar opciones que en realidad podrían llegar a ser limitantes. Ella explica:

> Asumir que los antecedentes de alguien deben coincidir con el conjunto de habilidades que asignamos a una posición específica es perder a otros cuyos talentos pueden no estar limitados a su educación o experiencia previa. Por esa razón, no comenzamos el proceso de contratación recogiendo currículums e identificando a los solicitantes que queremos entrevistar. En cambio, primero enviamos a los solicitantes nuestro "desafío". Luego evaluamos cómo han respondido. Y aun así, cualquier cosa que pensemos podría crear un sesgo (las universidades a la que asistieron, incluso los nombres si existe la posibilidad de que sean amigos de amigos, etc.) se han cegado". Claramente, con este proceso, el objetivo es seleccionar el potencial para tener éxito.

MARY PAPAZIAN ha pasado su carrera trabajando en la educación superior y, como actual presidenta de la Universidad Estatal de San José, es la única presidenta universitaria armenia estadounidense en el país. En nuestra entrevista, señala que las personas que pasan sus años de formación y parte de su tiempo libre como adultos en pequeñas comunidades que están definidas étnicamente tienen una ventaja, y es una de las pocas personas que hablan sobre el tema de inclusión. "La mayoría de las personas, naturalmente, pasan la mayor parte de su tiempo con otras personas que comparten su identidad socioeconómica y, por lo tanto, muchos de sus intereses", comienza. "Pero cuando usted es miembro de una pequeña comunidad donde se reúnen personas con antecedentes nacionales o étnicos similares, tiene la oportunidad de interactuar con aquellos cuyas profesiones, cuyo estatus social o económico y cuyos intereses intelectuales pueden ser muy diferentes de los suyos. "

Desde su experiencia actual trabajando con un cuerpo estudiantil que es sorprendentemente diverso, también se ha dado cuenta de que nosotros, como estadounidenses, tendemos a etiquetar grupos de acuerdo con grandes áreas geográficas que abarcan culturas muy diferentes. "Poco más de un tercio de nuestros estudiantes son asiáticos o isleños del Pacífico, pero eso ciertamente no indica homogeneidad. Ser japonés es bastante diferente de ser vietnamita. Pasamos mucho tiempo trabajando en la intencionalidad para asegurar que no haya una población 'invisible' que de alguna manera nos estamos perdiendo". Bajo el liderazgo de Papazian, la universidad también ha creado una Oficina de Diversidad, Equidad e Inclusión, para hacer que esa intencionalidad sea parte de las operaciones del día a día.

KATHY WONG es la directora principal de Diversidad en el estado de San José, y agrega una pequeña parábola para explicar los problemas que enfrentan la universidad y las organizaciones como esta.

El pulpo es uno de los invertebrados más inteligentes del mundo. A medida que se mueve a través del fondo del océano, tiene la capacidad de camuflarse, pero no puede usar su cerebro para hacerlo, por lo que depende de sus tentáculos. Es similar a la situación que surge cuando el CEO, el COO y la junta directiva entienden un proceso o política, pero es realmente importante que las personas en el terreno hagan el trabajo. Necesitan la autonomía para innovar. Así es como sucede la creatividad. El liderazgo simplemente no puede entender las necesidades o preferencias de todos los grupos.

KAREN CHUPKA ha estado en el personal de la Asociación de Tecnología del Consumidor durante 30 años, ascendiendo en las filas a medida que la organización creció y cambió para adaptarse a la industria a la que sirve. Ella es muy consciente de que su historia es bastante diferente de la norma entre quienes trabajan en tecnología, pero señala alegremente que "diferente" no necesariamente connota "en desventaja". Insiste, "la inclusión no se trata solo de hombres y mujeres, privilegiado y no privilegiado. Yo soy el que es diferente. Opté por no ir a la universidad. Comencé mi carrera como secretaria. Pero también soy a quien recurren para resolver problemas. Esa es mi actividad favorita, y generalmente tengo éxito". Y luego agrega, con la misma sinceridad," Sin embargo, una vez que he aprendido cómo, no me interesa volver a hacerlo. Definitivamente no me gusta repetir las cosas, así que es importante que cualquier equipo incluya a aquellos que no son como yo". ¿Y le habría resultado más fácil si hubiera optado por un título? Ella es reflexiva, pero firme:

> Quizá algunas veces. Con todas las posibilidades que existen hoy y todas las personas con talento y habilidad, tiene sentido. También tiene sentido que los inversores tengan muchas opciones y quieran saber que los líderes empresariales son expertos. Pero también es posible tener una gran cantidad de títulos, y no tener idea de cómo iniciar y / o administrar un negocio. Cuando sabe cuál es su trabajo y cómo hacerlo, y no tiene miedo de expresar y opinar, su valor se vuelve bastante obvio.

MEHAK VOHRA puede hablar con autoridad sobre los problemas que surgen cuando las generaciones buscan trabajar juntas. Como miembro del complemento Gen Z, señala que debido a las marcadas diferencias entre su generación y los Millenials, puede ser difícil para los Gen Zers tener la oportunidad de tomar sus propias decisiones. Al mismo tiempo, enfatiza la importancia de escuchar y aprender de las experiencias de los demás.

Fundadora de dos compañías que han aparecido ampliamente en los medios nacionales: OnDelta, que se enfoca en capacitar a la próxima generación de especialistas en marketing, y Jamocha Media, una firma de marketing y personal branding, señala que cuando comenzó su carrera se le aconsejó que su concepto no era escalable. "Me tomé eso muy en serio, me pregunté cómo podía crear un proyecto que fuera escalable y logré un éxito que de otro modo no hubiera sido posible", explica. "Creo firmemente en buscar y escuchar las descripciones de las experiencias de otras personas, para no cometer esos mismos errores".

EDUARDO CARRIQUIRY fue el Director General de MEPSA, que ha sido la fundición más grande del Perú durante más de medio siglo. En 2014 señaló que la empresa enfrentaba una necesidad cada vez mayor de empleados calificados y había empezado iniciativas de capacitación y reclutamiento para satisfacer esa necesidad, que también explicó que era un "problema" positivo dado que muchas otras empresas se enfrentaban a una disminución de ingresos y considerando una reducción de gastos.

La industria minera / manufacturera en América Latina es conocida por ser bastante tradicional, lo que se manifiesta particularmente en términos de cuestiones de género. Como parte de nuestra entrevista, Carriquiry recordó que cuando se hizo cargo de la empresa en 2014, no había mujeres en la planta y muy pocas en las oficinas administrativas. Debido a que consideraba una prioridad abordar ese problema, en cinco años la mitad del personal administrativo era femenino, había al menos 10 ingenieras y, en un momento, incluso el equipo directivo estaba dominado por mujeres. Aún así, admite, hay trabajo por hacer. Hay, por ejemplo, pocas mujeres capacitadas como soldadores, operadoras de hornos, etc. Sin embargo, en una nota más positiva, la escuela técnica más prestigiosa de Lima está preparando ahora a 16.000 mujeres para trabajar en el sector manufacturero.

ELISA VILLANUEVA BEARD ha pasado toda su carrera profesional trabajando para Teach for America, una organización sin fines de lucro que busca mejorar los resultados educativos de los estudiantes en comunidades rurales y urbanas de bajos ingresos en todo el país. Nacida en Texas y una de las pocas estudiantes mexicoamericanas cuando asistió a la Universidad de DePauw, es muy consciente de la importancia que la educación puede jugar y juega en "nivelar el campo de juego" (también jugó baloncesto en la universidad) para estudiantes que vienen de hogares de bajos ingresos. Es importante destacar que ella define la educación como "más que lo académico". Como ella explica, los académicos rigurosos son esenciales, pero también es crucial para "ayudar a los jóvenes a encontrar su pasión, estar orgullosos de quiénes son y comprender sus propias fortalezas". Como se mencionó varias veces en este libro, la forma más obvia de abrir la puerta a ese tipo de comprensión es que alguien "como usted" le enseñe o sea su mentor. Villanueva Beard señala que aproximadamente el 50 por ciento de los estudiantes en las escuelas públicas estadounidenses de hoy son niños de color, y solo el 20 por ciento de los maestros son de color. Diversificar la fuerza laboral de los educadores se está volviendo cada vez más difícil, advierte, en parte debido a las barreras financieras para ingresar a la profesión. Los graduados universitarios están soportando más deudas que nunca en la historia del país y muchos son reacios al riesgo en el frente financiero, por lo que los salarios iniciales se vuelven extraordinariamente importantes. La certificación de maestros es costosa y rara vez se transfiere a través de las fronteras estatales sin tiempo y costos adicionales. También es caro dedicar un semestre a enseñar a los estudiantes, es decir, cuatro meses sin un cheque de pago, que muchos no pueden afrontar.

ENDNOTES

1   Mark Milke, "Why Sears Failed: Lessons from Winston Churchill," www.theglobeandmail.com/report-on-business/rob-commentary/why-sears-failed-lessons-from-winston-churchill/article36547603/.

2   Jonathan Vespa, David M. Armstrong, and Lauren Medina, *Demographic Turning Points for the United States: Population Estimates and Projections for 2020 to 2060*, www.census.gov/content/dam/Census/library/publications/2018/demo/P25_1144.pdf.

3   William H. Frey, "The US Will Become 'Minority White' in 2045, Census Projects: Youthful minorities of the engine of future growth," www.brookings.edu/blog/the-avenue/2018/03/14/the-us-will-become-minority-white-in-2045-census-projects/.

4   Anthony Cilluffo and D'Vera Cohn, "7 Demographic Trends Shaping the US and the World in 2018," www.pewresearch.org/fact-tank/2018/04/25/7-demographic-trends-shaping-the-u-s-and-the-world-in-2018/.

5   www.theatlantic.com/sponsored/goldman-sachs-2016/what-if-i-told-you-gen-z-matters-more-than-millennials/903/

6   John Wang, "Corporate America Still Lacks Leaders of Color and That's a Problem," www.huffpost.com/entry/corporate-america-still-lacks-leaders-of-color-and-thats-a-problem_n_5bd1f2eae4b0d38b58813fc2.

7   Pamela N. Danziger, " Global Consumer Trends for 2019 and the Brands that Are Out in Front of Them," www.forbes.com/sites/pamdanziger/2019/01/13/6-global-consumer-trends-and-brands-that-are-out-in-front-of-them-in-2019/#284d8f5b4fe4.

8   Courtney Buchanan, "How Millenials and Gen Z Are Reshaping the Future of Work: The Future Workforce Report," www.upwork.com/blog/2019/03/millennials-genz-future-workforce-report/.

9   *Towards a Reskilling Revolution: Industry-Led Action for the Future of Work*, Centre for a New Economy and Society Insight Report, (Geneva, Switzerland: World Economic Forum in collaboration with Boston Consulting Group), www3.weforum.org/docs/WEF_Towards_a_Reskilling_Revolution.pdf.

10 "Immigrant Founders of the 2017 Fortune 500," Center for American Entrepreneurship, http://startupsusa.org/fortune500/.

11 Ian Hathaway, "Almost Half of Fortune 500 Companies Were Founded by American Immigrants or Their Children," www.brookings.edu/blog/the-avenue/2017/12/04/almost-half-of-fortune-500-companies-were-founded-by-american-immigrants-or-their-children.

12 Niall McCarthy, "The Massive Wage Gap Between US Citizens and Immigrants [Infographic], www.forbes.com/sites/niallmccarthy/2017/03/07/the-massive-wage-gap-between-u-s-citizens-and-immigrants-infographic/#1c511b013e65.

13 Antonio Flores, "How the US Hispanic Population Is Changing, www.pewresearch.org/fact-tank/2017/09/18/how-the-u-s-hispanic-population-is-changing/.

14 Parker Morse, "Six Facts About the Hispanic Market that May Surprise You," www.forbes.com/sites/forbesagencycouncil/2018/01/09/six-facts-about-the-hispanic-market-that-may-surprise-you/#2a2dcde85f30.

[15] Michael A. Olguin, "6 Reasons Marketing to Hispanics Makes Sense," www.inc.com/michael-olguin/6-reasons-marketing-to-hispanics-makes-sense.html.

[16] Sylvia Ann Hewlett, Noni Allwood, and Laura Sherbin, "US Latinos Feel They Can't Be Themselves at Work," https:hbr.org/2016/10/u-s-latinos-feel-they-cant-be-themselves-at-work.

[17] Tasneem Afridi, "What It's Like to be a Muslim Woman at Work," www.refinery29.com/en-us/2017/09/172-485/muslim-woman-workplace-experience.

[18] Alex Lindsey, Eden King, Ashley Membere, and Ho Kwan Cheung, "Two Types of Diversity Training that Really Work," https://hbr.org/2017/07/two-types-of-diversity-training-that-really-work.

[19] Tal Eyal, Mary Steffel, and Nicholas Epley, "Research: Perspective-Taking Doesn't Help You Understand What Others Want," https://hbr.org/2018/10/research-perspective-taking-doesnt-help-you-understand-what-others-want.

[20] Rachel Thomas, Marianne Cooper, PhD, Ellan Konar, PhD, Megan Rooney, Mary Noble-Tolla, PhD, Ali Bohrer, Lareina Ye, Alexis Krivkovich, Irina Starikova, Kelsey Robinson, Marie-Claude Hadeau, and Nicole Robinson, PhD, *Women in the Workplace 2018* (LeanIn and McKinsey and Co., 2018) https://womenintheworkplace.com/

[21] Emily Chang,"How Redfin Is Breaking Up the Boys' Club of Silicon Valley," www.fastcompany.com/90312451/how-redfin-is-breaking-up-the-boys-club-of-silicon-valley.

[22] https://www.countable.us/about/team.

CAPÍTULO CINCO

Inclusión que lleva a la Innovación

———

A finales de la década de 1980, hablando en una reunión de CEOs corporativos con la edad suficiente para recordar la Segunda Guerra Mundial, la mayoría de ellos estadounidenses y la mayoría de los empresarios, el científico Nobel Luis Álvarez recordó su experiencia trabajando en Los Alamos. (Álvarez y su hijo también son los científicos más conocidos por su teoría de que la extinción de los dinosaurios siguió a un impacto de meteorito). Se le había asignado volar en un avión que seguía al Enola Gay y dejar caer un receptáculo en el que se había doblado una carta que le había escrito a un científico japonés que también participaba en la investigación atómica. La carta decía, en esencia, que la bomba que llevaba el Enola Gay no era la única. Como lo explicó Álvarez, los estrategas políticos y militares estadounidenses temían que el bombardeo de Hiroshima no tuviera el efecto disuasorio anticipado si los japoneses creyeran que no podía ser replicado. Y se podría creer un mensaje de un científico a otro.

Al final de su presentación, Álvarez levantó la carta. No solo había llegado a su destinatario; había sido devuelto. El cuarto estaba en silencio. La cantidad de confianza que obviamente existía entre el escritor y el destinatario claramente había "nivelado un campo de juego" con efecto global. Esto e historias como esta pueden haber ayudado a crear lo que se ha convertido en una investigación académica activa sobre el efecto de la colaboración intercultural, desempeñada en la comunidad empresarial estadounidense por las contribuciones muy significativas de los inmigrantes en el frente de la innovación.

Simón Constable, autor de *The WSJ Guide to the 50 Economic Indicators that Really Matter*, comenzó su publicación de febrero de 2019 en forbes.com[1] con esta frase: "A la mayoría de la gente no le va a gustar esto". "A lo que se refiere es un informe generado por un investigador de la Oficina del Censo de EE. UU. En colaboración con un equipo de la Universidad George Mason. Buscando medir cuánto contribuyen los inmigrantes a la innovación, el grupo estudió a 7.400 empresas con 11.000 propietarios. Descubrieron que los inmigrantes en general superaron fácilmente a sus homólogos nativos en innovación tecnológica. Conscientes de que los inmigrantes, en general, están mejor educados, controlaron esa variable y mantuvieron la ventaja de los inmigrantes.

> ¿Cómo aconsejamos a las personas que hagan que las empresas se ajusten a los candidatos en lugar de la inversa?
>
> ~ Rebeca Hwang | Director Asociado, Rivet Ventures

Continúan existiendo múltiples estudios que miden la innovación en términos de producción de patentes. Un proyecto de 2018 con sede en la Universidad de Stanford y llevado a cabo en colaboración con la Oficina Nacional de Investigación Económica (NBER)[2] produjo estos hallazgos (entre otros):

La contribución de los inmigrantes altamente calificados a la innovación persiste también cuando las medidas incluyen citas de patentes, el valor económico de las patentes y la reasignación de productos.

- Cuando los inmigrantes trabajan en equipos, es más probable que los equipos confíen en la tecnología extranjera, colaboren con inventores extranjeros y que su trabajo sea citado en los mercados extranjeros.
- En el grupo estudiado, el 16 por ciento fueron etiquetados como inmigrantes, y fueron responsables del 30 por ciento de la innovación agregada de los EE. UU.
- Los inmigrantes representan el 26 por ciento de los ganadores de los premios Nobel en los Estados Unidos entre 1990 y 2000.

También hay hallazgos cualitativos interesantes. Los investigadores sugieren que:

- Los inmigrantes altamente calificados eligen desproporcionadamente vivir en condados altamente productivos.
- En algunos entornos de trabajo, están aislados y, por lo tanto, no pueden participar en equipos en la medida de lo posible, con resultados positivos medibles.
- Cuando los equipos incorporan inmigrantes, si el líder del equipo muere antes de que se complete el proyecto, esa muerte reduce la productividad del 28 por ciento al 50 por ciento si el líder fuera estadounidense; 50 por ciento a 60 por ciento si él / ella fuera un inmigrante calificado.

Es importante recordar, por supuesto, que el estudio NBER se centró en el segmento altamente calificado de extranjeros que vienen a los Estados Unidos. Es fácil creer que si tuvieran las habilidades para abarcar una amplia gama de empleados, los resultados podrían diferir. Aún así, por definición, se puede esperar que los estadounidenses que trabajan en la innovación de productos y procesos también sean altamente calificados, por lo que si las naranjas van a acompañar a las manzanas por un lado, deberían hacerlo por el otro.

NADA NUEVO BAJO EL SOL

Otro estudio del NBER que ha sido un favorito de economistas y científicos sociales por igual se centra en el efecto de los inmigrantes en la innovación a partir de finales del siglo XIX.[3] Los investigadores Ufuk Akcigit y John Grigsby de la Universidad de Chicago y Tom Nicholas de la Harvard Business School, encontraron:

- Entre 1880 y 1940, los inmigrantes representaron el 19.6 por ciento de los inventores estadounidenses. Hoy, eso es alrededor del 30 por ciento.
- De 1940 a 2000, los sectores con más inventores extranjeros produjeron más patentes.
- A pesar de ser más productivos, a los inmigrantes se les pagaba menos en promedio que a sus homólogos nacionales, al igual que a los inventores mujeres y afroamericanas.

ANÉCDOTAS ABUNDANTES— INVENCIONES E IDEAS

"Aw, vamos", estás pensando. "¿Qué es exactamente la generación de ideas?" Aquí, al menos, es una idea que creció para crear una transición. El punto es que no toda innovación implica inventar algo. A veces, se produce una transformación significativa cuando un tipo sintonizado ve algo que otros no pueden ver. Y a los inmigrantes les está yendo bastante bien, muchas gracias, en ambos frentes. Recuento más o menos cronológicamente:

- Alexander Graham Bell, Escocia, como si no lo supieras ya.
- John Nordstrom, Suecia, abrió una tienda de zapatos con un socio en 1901. Los ingresos de Nordstrom para los 12 meses que finalizaron el 31 de enero de 2019 fueron de $ 15.860 millones.
- Albert Einstein, Alemania, ajá.
- Leo Sziland, Hungría, ayudó a persuadir a Estados Unidos para que trabajara en la bomba atómica; alentó a Einstein a advertir a Roosevelt sobre el posible resultado.
- El fundador de Ebay, Pierre Omidyar, nacido en París de padres iraníes, vio que los coleccionistas necesitaban una forma de conectarse y comercializar.
- El fundador de Comcast, Daniel Aaron, Alemania, trabajó como periodista y convirtió lo que aprendió trabajando en una historia sobre una compañía de cable en un competidor de primer nivel en la industria.
- Cuando Jerry Yang, Taiwán, y su socio estadounidense, David Filo, formaron por primera vez su compañía, se llamaba "La guía de David y Jerry para la World Wide Web". Ahora Yahoo (por, en sus siglas en inglés, Yet Another Hierarchical Officious Oracle) y ahora propiedad de Verizon, elevó los dos en múltiples listas de "los más ricos".
- Hubert Joly, CEO de Best Buy, fue nombrado uno de los "Mejores CEOs del mundo" por la revista *CEOWorld* en 2018. Nació en Francia. El año después de que se hizo cargo de Best Buy, las acciones de la compañía se triplicaron.

Es particularmente interesante notar que varias de las compañías que el ciudadano estadounidense promedio podría describir como las "más estadounidenses" fueron fundadas por inmigrantes. Se incluyen empresas como Procter and Gamble, DuPont, Colgate-Palmolive, Kraft, Honeywell... la lista continua. Si se amplía para incluir a los nacidos en Estados Unidos de padres inmigrantes, los números y los nombres se multiplican varias veces. La historia de uno de ese grupo proporciona un excelente ejemplo de cómo el ingenio, el enfoque y el coraje pueden ganar el día.

Amadeo Petro Gianninni nació en San Mateo, California. Su padre fue atraído originalmente a los Estados Unidos desde Italia por la fiebre del oro de California en 1849. Veinte años después, el anciano Gianninni regresó a Italia y se casó con la madre de Amadeo. Compraron una granja y comenzaron a vender frutas y verduras. Amadeo comenzó su carrera como comerciante de productos, pero después de casarse con la hija de un magnate inmobiliario, se retiró temprano para administrar el patrimonio de su suegro. Cuando obtuvo un asiento en la junta de ahorro y préstamo que poseía su padre, vio la oportunidad de proporcionar servicios bancarios a la comunidad inmigrante, que en ese momento no tenía acceso a los bancos. Cuando el resto de la junta no pudo ser persuadido para trabajar con él, renunció y formó su propio banco, el Banco de Italia. Esto fue en 1904. Dos años más tarde, cuando el terremoto de San Francisco devastó la ciudad, usó un carro de basura para llevar el dinero de su bóveda a su casa en San Mateo, fuera de la zona del incendio. Durante semanas, fue uno de los pocos banqueros que pudo cumplir con las solicitudes de retiro y hacer préstamos.

Como creyente en las sucursales bancarias, Gianninni expandió el Banco de Italia por todo California y puso a los bancos en una compañía tenedora, un concepto relativamente nuevo para la banca en ese momento, conocido como Transamerica. Finalmente, el banco se fusionó y se llamó Bank of America. El único banquero nombrado en el *Time* 100 para el siglo XX, Gianninni es considerado el inventor de muchas prácticas bancarias modernas. Y su influencia no se detiene con la banca. Mientras estaba al timón, su banco le prestó a Walt Disney el dinero para hacer Blancanieves y brindó respaldo financiero a William Hewitt y David Packard, por nombrar solo un par más.[4]

UN NEXO GENERATIVO

Tan importante como la contribución de los inmigrantes individuales ha sido y sigue siendo, el efecto que tiene la inclusión en el trabajo de los equipos que no solo es importante, según algunos analistas, sino crucial. En un artículo publicado por *Scientific American* en 2014,[5] Katherine W. Phillips argumenta que la noción ampliamente aceptada de que los grupos inclusivos son más innovadores que los homogéneos porque sus experiencias y habilidades varían es solo una parte de la historia. No solo hay una gran cantidad de información, afirma, sino que las personas que interactúan con otras personas diferentes se ven obligadas a prepararse mejor, estar listas para comprender e incorporar puntos de vista alternativos, y darse cuenta de que el camino hacia el consenso requerirá más esfuerzo. Phillips sabe de lo que escribe. Actualmente es la Profesora Reuben Mark de Carácter Organizacional y Directora de la Sanford C. Bernstein & Co. Centro de Liderazgo y Ética en la Escuela de Negocios de Columbia, y antes estaba en la facultad de la Escuela Kellogg de la Universidad de Northwestern donde fue codirectora fundadora. del Centro de Ciencia de la Diversidad.

Estos son algunos de los hallazgos que ella cita:

- En un estudio de los equipos gerenciales de las firmas S&P Composite 1500 de 1992 a 2006, los profesores de negocios Cristian Deszö de la Universidad de Maryland y David Ross de la Universidad de Columbia escribieron que encontraron que "la representación femenina en la alta gerencia conduce a un aumento de $ 42 millones en el valor de la Empresa".
- Los profesores de la Universidad de Texas en Dallas encuestaron a ejecutivos de 177 bancos nacionales y descubrieron

que cuando los presidentes de los bancos enfatizaban la innovación, los aumentos en la diversidad racial se relacionaban con un mejor desempeño financiero.

• Cuando un equipo del Credit Suisse Research Institute examinó a 2.360 empresas en todo el mundo entre 2005 y 2011, descubrieron que aquellas con una o más mujeres en sus juntas producían rendimientos promedio más altos del capital, menor deuda neta al capital y un mejor crecimiento promedio.

Pat Gelsinger, CEO de VMware, informa que su compañía ahora tiene una política que "cada grupo de candidatos, sin importar el puesto, debe incluir al menos una mujer".

Boston Consulting Group y la Universidad Técnica de Munich realizaron otro estudio exhaustivo sobre la conexión entre inclusión e innovación y se centró en 171 países alemanes, suizos y austriacos.[6] Las definiciones en las que se basa la investigación son reveladoras. Para medir la inclusión (que llaman diversidad), los investigadores consideraron no solo la edad, el sexo y el país de origen, sino también qué porcentaje de gerentes habían trabajado en otras compañías y cómo difería su capacitación académica. Los ingresos por innovación se definieron como la participación de los ingresos generados por los nuevos productos y servicios en el último período de tres años.

Los autores escriben que "la diversidad y la innovación no se afectan directamente entre sí, la forma en que las ventas de paraguas por parte de un vendedor ambulante aumentan en un día lluvioso", sino que la relación es más compleja. Aún así, los dos "se mueven juntos" de manera estadísticamente significativa, lo que significa que las empresas con niveles más altos de diversidad, diríamos "inclusión", obtienen más ingresos de nuevos productos y servicios. El efecto también es mayor en empresas con múltiples líneas de productos, y aumenta con el tamaño de la empresa.

PERSPECTIVAS DE MODA

Insights obtenidas de Entrevistas Personales por los Autores

ANKA WITTENBERG pasó cinco años como directora principal de desvío e inclusión en SAP SE y desde 2011 se desempeñó como vicepresidenta sénior de recursos humanos globales en SAP AG. Está dedicada a, enfocada en y todo sobre ser responsable de impulsar la innovación con un compromiso de inclusión. Cabe recordar que SAP fue la primera compañía tecnológica de los Estados Unidos en recibir la certificación de género EDGE (Global Economic Dividends for Gender Equality). Y el género no es el único enfoque. En 2013, SAP comenzó un programa de "Autismo en el trabajo", que ahora incluye más de 140 empleados en 12 países. Wittenberg también es Presidenta de la Junta Directiva de la World Childhood Foundation, con sede en su Alemania natal. Además del poder de las prácticas inclusivas para mejorar el desempeño financiero corporativo y la penetración en el mercado, a lo que ella se refiere como "impulso de la empresa", Wittenberg considera que una "cultura de flujo libre con diversas perspectivas e ideas" es directamente responsable de una mayor colaboración y creatividad. Como ella lo expresa: "Cuando el proceso se encuentra con la cultura, la conciencia, la diversidad y la tecnología, se pueden encontrar soluciones reales". No es sorprendente que para SAP esas soluciones incluyan hacer que los productos y servicios sean accesibles para los clientes y clientes potenciales.

TIM HWANG, un coreano-estadounidense, fundó Fiscal Note en 2013, como un servicio de seguimiento legislativo estatal. Estaba completando su licenciatura en la Universidad de Princeton y formó la nueva compañía con dos amigos de la secundaria. Ahora uno de los empleadores tecnológicos más grandes con sede en el área de Washington, DC, Fiscal Note incluye entre sus clientes firmas de abogados influyentes, departamentos legales y gobiernos de todo el mundo y ha sido nombrado pionero tecnológico del Foro Económico Mundial. Hwang habla directamente sobre la importancia de la inclusión y su complejidad. Reconoce que los CEO que sostienen que la falta de inclusión se debe en gran medida a un "problema pipeline" a menudo son criticados, pero insiste en que el problema existe. "Vaya a un aula de informática en, digamos, MIT o Stanford", sugiere. "Siéntate en la parte de atrás y mira cuántas mujeres hay, o para el caso, miembros de las clases sub-representadas". Que él mantiene es una de las razones del problema, pero no es una excusa. "Tienes que ir a donde encuentres lo que estás buscando", dice. "Vamos a lugares como Wellesley y Smith". Otro tema que reconoce, especialmente en términos de capturar el poder innovador de la inclusión, es la necesidad de mentores. En pocas palabras, Hwang considera que la población de los Estados Unidos es una de las más diversas del mundo, pero reconoce que aun así, se requiere un liderazgo comprometido para vincular la inclusión y la innovación con éxito.

RODRIGO GARZA, CEO de Flexinvest, con sede en Miami, una plataforma de inversión que ofrece una puerta al mundo de la inversión para inversionistas nuevos y experimentados, no oculta lo que cree que se necesita para construir un negocio, y de hecho una vida. Nacido en México, provenía de una cultura familiar que enfatizaba la educación y los viajes, una combinación que él cree crea un terreno fértil para la ambición y el logro. Habiendo llegado a los Estados Unidos para "obtener la mejor educación posible", obtuvo su licenciatura en la Universidad de Pensilvania, luego agregó una maestría en Administración Pública de la Kennedy School de Harvard y un MBA con énfasis en emprendimiento e innovación en el Sloan School of Management en el MIT simultáneamente. Es directo y enfático cuando discute el valor de alentar la mezcla de diferentes puntos de vista y diferentes experiencias. "Así es como los equipos se vuelven más dinámicos, creando así valor para el cliente y la empresa, lo que en última instancia no genera más que ganancias financieras".

ALVARO SILBERSTEIN puede tomar las cosas sentado, literalmente, porque ha estado en silla de ruedas desde que resultó herido en un accidente a la edad de 18 años. Pero, como sugiere el idioma inglés, no "take things lying down". En otras palabras, su enfoque de un problema es luchar en lugar de retirarse, o quizás incluso mejor, descubrirlo. Es por eso que él y su amigo Camilo Navarro, ambos de Chile, fundaron una compañía que llaman "Wheel the World", para ofrecer lo último en inclusión a las personas con discapacidad: la oportunidad de visitar algunos de los que han sido lugares más bellos pero inaccesibles. En diciembre de 2018, su compañía llegó a los titulares cuando ofreció un viaje a la icónica Machu Picchu de Perú, solo uno de una serie de viajes planeados para América Latina. Eso significa navegar más de 300 pasos casi verticales. Todo comenzó con el uso de crowdfunding de Silberstein para patrocinar el viaje de los dos hombres a un parque nacional en la Patagonia. Sin avergonzarse de su entusiasmo acerca de lo importante que ha sido la tutoría en su vida y sus negocios, Silberstein nos dice: "He tenido muchos mentores que han confiado en mí en lo que estábamos haciendo cuando teníamos muy poco y el tipo de recomendaciones que dan te hace sentir confiado y orgulloso. No importa lo pequeño que sea".

JUDY LITTLE pasó un cuarto de siglo como vicepresidenta sénior y vicepresidenta de ventas en Ericsson antes de partir para fundar su propia firma de consultoría hace un año. Dos de esos años en Ericsson fue parte del Consejo de Diversidad e Inclusión Global de la compañía, y sus ideas sobre la importancia de la inclusión son claras, directas y convincentes. "Al final del día", dice, "la combinación de diferentes pensamientos es de donde provienen las ideas. Son las compañías progresivas las que están creciendo. Y es por eso que están obteniendo el crecimiento".

No es sorprendente que Little y su equipo en J Little Consulting se centren en tecnologías futuras que prometen tener un impacto e interrumpir el status quo de una manera que maximice el potencial comercial para sus clientes. El cambio gestionado funciona, con las personas...con ideas...con tecnología.

SWATI MYLAVARAPU básicamente barrió el campo cuando se graduó de la Universidad de Harvard: Phi Beta Kappa, Académico Truman, Académico John Harvard, Presidente del Consejo de Relaciones Internacionales. Entonces, no es de extrañar, ella era una Rhodes Scholar. Su carrera profesional (hasta ahora) ha incluido puestos en Quid, Square y Kleiner Perkins Caulfield y Byers. Es cofundadora de The Arena, una organización dedicada a hacer que la democracia sea accesible para los recién llegados y a construir la próxima generación de líderes cívicos, y Socia Gerente de Incite. org, una operación con sede en San Francisco que es en parte fondo de inversión y parte fundación. Entre las empresas en las que Incite ha invertido está Nima, una compañía que proporciona herramientas para personas que sufren de alergias. "No solo nuestro equipo fue asignado a ese proyecto inclusivo en términos de género, etnia, edad, etc.", dijo. "Nos aseguramos de que incluyera a las personas con alergias alimentarias".

Cualquiera sea la situación específica, Mylavarapu cree que los equipos son más fuertes cuando incorporan una colección de ideas y experiencias diferentes. "Como todos los demás, a los empresarios les gustan los inversores que han tenido experiencias de vida similares a las suyas".

TINA SEELIG tiene un título algo inusual: Profesor de Práctica, Ciencias de la Gestión e Ingeniería en la Universidad de Stanford. Pero entonces, sería difícil encontrar un título que describa lo que hace. Tenga en cuenta la palabra "hace". Ella está involucrada en un poco más que "hacer" que en "profesar". "Hagamos" la lista:

- Habiendo obtenido un doctorado en Neurociencia de la Facultad de Medicina de la Universidad de Stanford, desde entonces ha ganado seis prestigiosos premios por su perspicacia en educación e innovación.
- Ha escrito 17 libros y juegos educativos. *Scientific American* publicó sus dos libros sobre la química de la cocina; Chronicle Books produjo sus 12 "Juegos para tu cerebro" dirigidos a niños; y HarperCollins publicó sus libros centrados en la creatividad y en poner ideas en práctica. Nos gusta especialmente el título del último: *Reglas de creatividad: saca ideas de tu cabeza y llévalas al mundo.*
- Los cursos que imparte tratan sobre creatividad, innovación y emprendimiento, y fuera del aula aborda esos mismos problemas, además del trabajo en equipo y la toma de riesgos, con publicaciones de blog, podcasts, TED Talks, cursos en línea, entrevistas con los medios, etc.
- En resumen, es tan creativa en su elección de canales de comunicación como experta en comunicar creatividad.

En nuestra entrevista, Seelig rastrea cómo la interacción entre la inclusión o la falta de ella puede abordarse mediante una combinación de coraje e imaginación. "Es importante hablar", explica. "Date un desafío. Di solo una cosa. Incluso si no funciona de la manera que esperabas, será fácil ayudarte a ti mismo".

Para Seelig, el vínculo entre creatividad y emprendimiento es obvio, y un entorno rico en diferentes enfoques impulsa la creatividad. Como ella escribe en su libro, en *Genius: A Crash Course in Creativity*:

> Las empresas muy innovadoras, como Twitter, saben lo importante que es este tipo de polinización cruzada para la creatividad en sus negocios, y se esfuerzan por contratar personas con habilidades inusuales, sabiendo que la diversidad de pensamiento ciertamente influirá en el desarrollo de sus productos".[7]

STEVE BENNETT tiene el tipo de experiencia de liderazgo que es cada vez más rara: incluye una experiencia de décadas en el mundo que normalmente no se definiría como limitada a "tecnología" (en gran parte con GE) y múltiples puestos de CEO con empresas que son mundialmente conocidos dentro de la industria tecnológica. Uno de ellos fue Intuit, donde se desempeñó como CEO de 2000 a 2008. Sobre el tema de la innovación, dice: "La inclusión es importante no solo para la innovación sino para una mejor toma de decisiones". Cree que una idea proviene de un solo individuo que trabaja dentro de un entorno que fomenta la creación de ideas, y crece hasta que existe un proceso establecido para nutrirlo. El explica:

Nuestro mejor éxito en Intuit fue cuando comenzamos con un equipo multifuncional, instituimos el proceso del Fundador de Intuit, Scott Cook, llamado "Sígueme a casa" enviándolos a observar realmente a los clientes, solo observar, no hacer preguntas, y hacer que desarrollaran una idea de producto , o podría decir centrarse en la "prueba de concepto", en función de lo que habían aprendido. Así es como agregamos la función de pago de Quickbooks. Era un pequeño equipo inter-funcional dirigido por una mujer que creo que ahora puede desempeñar un puesto de alto nivel en Google. Vieron clientes en establecimientos minoristas tomando los recibos e ingresando los números, por lo que diseñaron un producto de punto de venta. En realidad, es bastante similar a lo que Scott solía llamar la "sorpresa inesperada". Puede recordar que su idea de Quickbooks nació cuando vio a su esposa balancear su chequera sentada en la mesa de la cocina.

TIM DRAPER es Director de la Draper University y socio fundador de Draper Associates. Su perspectiva sobre la innovación es simple, explícita y convincente:

La innovación viene de todas partes. Cualquiera que esté dispuesto a trabajar duro en un proyecto puede tener nuevos pensamientos e ideas sobre cómo mejorar, automatizar, realzar, acelerar y hacer menos costosa nuestra forma actual de hacer las cosas. Si bien nunca se forzó explícitamente la inclusión en mis empresas, las mejores incluyen naturalmente a las mejores personas para el trabajo, y esas mejores personas provienen de todas partes.

COURTNEY WELTON le atribuye a su trabajo en un entorno asiático, una parte de su tarea como asesora general de Lenovo Mobile Business Group, la creación de una "revalorización del arte de las relaciones". Ahora se desempeña como vicepresidenta sénior, directora principal de ética y cumplimiento , Directora de Privacidad y Subdirectora General de Derecho de la Innovación en All-State, admite sinceramente que su inclinación natural al asumir un nuevo puesto es "saltar y arreglar las cosas". En cambio, en este caso, se dio cuenta de que la estrategia inicial más efectiva fue lo que ella llama un "recorrido de escucha", diseñado no solo para informar su propia toma de decisiones, sino también para construir un entorno en el que las ideas que se le ocurrieron "serían escuchadas". También señala que es un comportamiento natural, no importa cuál sea la profesión de uno, "incluso los psicólogos lo hacen", para "olvidar que otras personas no viven en nuestro mundo". Entonces, cuando presenta una idea, por decir, los profesionales financieros, ella habla sobre " modelos de costo". Para los empleados de ventas y market-ing, la misma idea podría describirse en términos de beneficios y cómo comunicarlos. Y determinar el mejor enfoque, por supuesto, significa definir la inclusión como una lente que no se enfoca sim-plemente en grupos identificados por etiquetas como género, edad, etnia, preferencia de género, etc., sino también experiencias de vida que dan lugar a preferencias: aquellos que viven solo, los que corren maratones, etc. "Una lente más amplia protege contra los puntos ciegos", concluye. "En All-State, nuestros clientes actuales y potenciales son todos. Nuestro negocio está protegiendo a las personas de las incertidumbres de la vida". Nombrado por quinta vez por Ethisphere como una de las compañías más éticas del mundo, este es un negocio en buenas manos.

MARTHA-EDITH HERNÁNDEZ ha hecho su negocio, literalmente, en saber acerca de la innovación, con especial atención a cómo puede verse afectada por las ideas culturales. Llamada

"Startup Life Coach LLC", esa empresa se basa en su experiencia al dirigir el Cuerpo de Innovación del National Science Foundation, curso Lean LaunchPad en UC Berkeley, durante el cual capacitó a cientos de fundadores de startups en Túnez, México y Uruguay. Tras mudarse del área de la Bahía de San Francisco a Omaha, Nebraska, ahora ha descubierto que las diferencias culturales pueden ser tan potentes de una región a otra dentro de un país como lo pueden ser de un país a otro. "Silicon Valley se llama a sí misma la "Capital de la Innovación del Mundo", y sus líderes están seguros de que son conscientes de la mayoría de los problemas que enfrenta la sociedad contemporánea. Eso es incorrecto", argumenta. "Es un incestuoso, si puedo usar esa palabra, grupo de ideas. Nadie está listo para salir de su zona de confort. ¿Cuántos inversores entienden el mundo de la agricultura o están dispuestos a escuchar las ideas de las personas que operan en él? Sin embargo, la ética de trabajo en el Medio Oeste está más allá de la imaginación de gran parte de la población occidental". También reclutada por Singularity para proporcionar tutoría de forma gratuita y aún involucrada con el capítulo de Túnez del Founder Institute, Hernández centra su orientación / tutoría en torno a una teoría central es que la actitud, como en una mentalidad de crecimiento, es fundamental para cualquier estrategia comercial exitosa, y que esa actitud es de cosecha propia.

YAI VARGAS ha pasado un cuarto de siglo trabajando en temas de inclusión, primero en entornos corporativos y ahora con sus propias prácticas de consultoría: The Latinista, que ofrece talleres de desarrollo profesional, desarrollo de habilidades para mujeres, y Yai Vargas Diversity Consulting, a través del cual ella ofrece una gama completa de servicios. Su trabajo con los Grupos de Recursos para Empleados ha sido particularmente extenso, y ella enfatiza lo importante que es dirigir esos grupos hacia programas innovadores. "Los ERG funcionan mejor", dice ella, "cuando se centran en dos cosas: (1) hacer una diferencia en la comunidad; y (2) crear programas innovadores que tengan un efecto medible en el resultado final". Agrega que aconseja a estos grupos, sea cual sea su experiencia compartida, ya sea étnica, de género o cualquier otra cosa, evitar las "tres F": comida (food), banderas (flag) y diversión (fun). "Tienes una fiesta del Cinco de Mayo, y el CEO viene a averiguar cómo se gasta tu partida en el presupuesto. Hmmm, ¿cómo te va?" Existen múltiples estudios de casos de ERG que, en cambio, utilizaron su conocimiento del grupo que representan para crear un nuevo producto, obtenerlo, marcarlo, redactar la misión, desarrollar el eslogan, en esencia, capitalizar el hecho de que no solo conocen su segmento del mercado, son ese segmento. Vargas alienta a los ERG, así como a las personas que navegan hacia el avance profesional para centrarse en lo que es "estratégico, accesible y medible".

DANIELA ARRUDA, cofundadora de BABEL Ventures, con sede en San Francisco, ve el valor del pensamiento creativo en el trabajo que hace, así como en el trabajo de las compañías que ella y sus colegas financian. "Uno de mis mayores remordimientos al invertir en startups", dice, "es no haber podido invertir en algunas, utilizando una evaluación técnica rigurosa en lugar de la intuición". Y, agrega, encontrar las mejores inversiones potenciales depende del acceso, que en términos se deriva de las relaciones. "Antes de crear el Fondo, trabajábamos largas horas creando relaciones para poder tener acceso a las mejores ofertas y a los inversores que nos acompañarían en este viaje".

MACI PETERSON tiene una visión sobre la inclusión y la innovación que se trata menos de cómo uno afecta al otro que de cómo un individuo puede verse afectado por uno o ambos, con el resultado de cuánto puede aprender el individuo al hacerse cargo su situación. Sobre el tema de la inclusión, el reciente traslado de Peterson a Marruecos ha sido una revelación. "En los Estados

Unidos", explica, "insistimos en que es muy fácil hablar nuestro idioma, participar en nuestra economía, pero al final eso no es realista. Aquí en Marruecos, he venido a ver cómo es realmente ser bienvenido. En un caso, cuando me enfrenté a un problema de idioma, el hombre con el que estaba tratando salió de su oficina y salió al pasillo para tratar de encontrar a alguien que hablara inglés. Esta es una cultura donde las relaciones se basan en la comunidad y la familia. Ya no tenemos eso en los EE. UU., donde parece que a menudo la gente está tratando de buscar la forma más rápida de decir "No".

Y "No" fue la respuesta que recibió Peterson cuando le preguntó si había una forma de recordar los mensajes de correo electrónico enviados. ¿Su reacción? ¡Construye uno! Cuando presentó su idea en SXSW (la conferencia con sede en Austin sobre lo que viene en cine, cultura, música y tecnología), ganó el primer premio. Convencida de que tenía algo, contactó a un amigo que había conocido en otra conferencia mientras estaba en la universidad, y juntos fundaron On Second Thought, primero proporcionando una aplicación y luego pasándose a API.

KEVIN WASHINGTON es CEO nacional de YMCA, y su punto de vista sobre la inclusión ofreció un elemento que ninguno de los otros 130+ individuos que entrevistamos para este libro mencionó. "Cuando entras en una habitación, sabes que de alguna manera eres 'diferente'. Antes de hacer cualquier otra cosa, debes mirarte al espejo y estar contento con la persona que ves". En otras palabras, la inclusión comienza en casa. Una vez que se logra eso, Washington tiene una lista muy definida de lo que su potencial empleador debe hacer para completar la imagen. Los seis pasos que ha implementado y considera cruciales son:

1. Designe un puesto de personal que tenga la responsabilidad de inclusión y que sea un informe directo al CEO.
2. Haga que su equipo de liderazgo sea representativo de los equipos que desea en toda la organización.
3. Reclute una junta que también sea representativa, comenzando con conjuntos de habilidades e incorporando la inclusión.
4. Seleccione asociaciones, proveedores, etc. sobre valores compartidos de inclusión.
5. Eduque a las comunidades en las que trabaja sobre sus políticas, prácticas y procedimientos.
6. Cree dentro de su lugar de trabajo y su comunidad un lugar seguro para todos...Todos.

JOE VASQUEZ dice que ha aprendido tanto de ser mentor de otros como de ser mentor de él mismo. Sí, se apresura a notar que sus mentores lo han ayudado a "aprovechar nuevas redes, obtener nuevas perspectivas sobre los desafíos y aprender de los errores sin cometerlos todos". Si bien trata de proporcionar a aquellos a los que guía un entorno seguro en el que sientan que son escuchados, señala que se beneficia igualmente porque "al guiar a otros y especialmente a aquellos de diferentes orígenes y demografía, he obtenido una visión más profunda de las mentalidades y desafíos de los que son diferentes yo mismo. He ganado un sentido más profundo de empatía y comprensión del mundo".

Después de haber sido reconocido por sus habilidades como capitalista de riesgo y emprendedor social por la revista Forbes, Vásquez es actualmente Venture Partner en Revel Partners, Network Leader en Village Global y tiene experiencia previa con compañías como Runway Innovation y Goldman Sachs. Además, formó parte del equipo fundador de StartX, el acelerador de startups principal en la

Universidad de Stanford, y ha enseñado matemáticas bilingües bajo la égida de Teach for America.

Finalmente, tiene especial cuidado de ser un buen oyente a pesar de ser sordo.

JONATHAN ROSENBERG, asesor de Larry Page, CEO de Alphabet, pronunció un discurso hace algunos años ante los estudiantes de Claremont-McKenna College, su alma mater. Incluía algunas declaraciones que un oyente descuidado podría haber encontrado mutuamente excluyentes. Por ejemplo, destacó la importancia de trabajar con las personas más inteligentes que se pueda. Luego, un poco más tarde, acuñó el término "hipopótamo" para la "opinión de la persona mejor pagada" y advirtió tener cuidado al dejar que los hipopótamos se impusieran en la toma de decisiones. Luego explicó: "Todas las personas en todos los niveles deberían tener la misma voz". En otras palabras, se trabaja con todos los compañeros, no solo con el mejor pagado. Y, por supuesto, mejor pagado y más inteligente no son sinónimos. Aplicando un principio similar en nuestra entrevista, Rosenberg señaló que los modelos a seguir son necesarios al comienzo de la carrera de cualquier persona para mostrarle a la persona lo que es posible, pero a medida que las personas evolucionan y necesitan ayuda para explorar sus carreras, la tutoría se vuelve cada vez más importante, especialmente para aquellos cuyos padres puede que no hayan sido exitosos.

JUDY LITTLE pasó 25 años como vicepresidenta sénior y vicepresidenta de ventas en Ericsson antes de partir para fundar su propia empresa de consultoría hace un año. Dos de esos años en Ericcson fue parte del Consejo de Diversidad e Inclusión Global de la empresa, y sus ideas sobre la importancia de la inclusión son claras, directas y convincentes. "Al final del día", dice, "combinar diferentes pensamientos es de donde vienen las ideas. Son las empresas progresistas las que están creciendo. Y es por eso que están obteniendo el crecimiento".

No es de extrañar que Little y su equipo en J Little Consulting estén enfocados en tecnologías futuras que prometen tener un impacto e interrumpir el status quo de una manera que maximizará el potencial comercial para sus clientes. El cambio gestionado funciona: con personas...con ideas...con tecnología.

ENDNOTES

1. Simon Constable, "The Most Innovative US Tech Entrepreneurs Aren't American, They're Foreign-Born, a New Study Shows," https://www.forbes.com/sites/simonconstable/2019/02/27/the-most-innovative-u-s-tech-entrepreneurs-are-foreign/#4ad1340d2736

2. Shai Bernstein, Rebecca Diamond, Timothy McQuade and Beatriz Pousada, *The Contribution of High-Skilled Immigrants to Innovation in the United States*, https://web.stanford.edu/~diamondr/bdmp_oct2018.pdf

3. Ufuk Akcigit, John Grigsby and Tom Nicholas, *Immigration and the Rise of American Ingenuity*, https://static1.squarespace.com/static/57fa873e8419c230ca01eb5f/t/5897feaaa5790a1076552f55/1486356139676/w23137.pdf

4. https://www.pbs.org/wgbh/theymadeamerica/whomade/giannini_hi.html

5. Katherine W. Phillips, "How Diversity Makes Us Smarter: Being around people who are different from us makes us more creative, more diligent and harder-working," https://www.scientificamerican.com/article/how-diversity-makes-us-smarter/

6. Roćio Lorenzo, Nicole Voigt, Karin Schetelig, Annika Zawadzki, Isabell Welpe, and Prisca Brosi *The Mix That Mattters: Innovation Through Diversity*, (Boston Consulting Group and Technical University of Munich, 2016) http://media-publications.bcg.com/22feb2017-mix-that-matters.pdf

7. Seelig, Tina. *inGenius: A Crash Course in Creativity*

CAPÍTULO SEIS

Cantera y Como Mejorarla

—

A pesar del creciente reconocimiento entre los líderes corporativos de que la inclusión y la diversidad son elementos probados para la estabilidad y el crecimiento en el siglo XXI, muchos también admiten que no están cumpliendo sus propias expectativas, sin mencionar las proyecciones. A menudo, la demanda es una variación de: "Realmente nos gustaría avanzar más rápido, pero simplemente no hay suficientes personas calificadas en proyecto".

Si eso es correcto, el primer lugar para buscar, por supuesto, es la cantera en sí. Las técnicas abundan e incluyen:

Cegar: Eliminar de las aplicaciones y reanudar cualquier información que pueda dar lugar a sesgos, conscientes o no, no es en absoluto un proceso nuevo. Muchos creen que en realidad se deriva del mundo de la orquesta sinfónica, donde desde hace un tiempo a los músicos que solicitan un asiento se les ha pedido que actúen detrás de una pantalla, porque se hizo evidente que había un sesgo de género en el trabajo cuando los evaluadores podían ver a los artistas, dado El pequeño número de mujeres en muchas orquestas.

• Diferentes compañías usan diferentes técnicas, por supuesto, pero los profesionales de recursos humanos a menudo sugieren considerar al menos lo siguiente:

Nombre: un estudio de la Oficina Nacional de Investigación Económica encontró que los solicitantes de empleo con nombres "blancos" tenían que enviar un promedio de 10 hojas de vida para recibir una llamada. Para aquellos con "nombres afroamericanos, el número era 15.[1] De manera similar, un estudio canadiense encontró que aquellos con nombres que suenan chinos, indios o paquistaníes tenían un 28 por ciento menos de probabilidades de conseguir una entrevista que aquellos con los mismos requisitos, pero con nombres en inglés.[2] Obviamente, los nombres también indican género.

- Fechas de nacimiento o graduación: en un estudio de 2017 del Banco de la Reserva Federal de San Francisco, se enviaron 40,000 solicitudes para 13,000 puestos de baja calificación en 12 ciudades. Los "solicitantes" mayores, especialmente las mujeres, obtuvieron menos entrevistas, en algunos campos hasta un 47 por ciento menos.[3]
- Dirección: los códigos postales indican el estado socioeconómico, la vivienda multifamiliar, etc.
- Nombre del colegio / universidad: una vez más, algunas escuelas señalan prestigio, un cierto nivel básico de ingresos familiares, etc.

Programas de evaluación de inteligencia artificial: para muchos estadounidenses con la edad suficiente para recordar las noticias previas a Internet, Reuters debe informar a los medios informativos sobre lo que Campbell es para la sopa enlatada. Casi siempre, confiable, fue algo así como un paradigma para la marca, pero en los últimos años sujeto a desafíos de competidores que utilizan diferentes métodos de comercialización y distribución. Por lo tanto, es más que un poco irónico que Reuters haya sido el primero en informar en octubre de 2018[4] que el equipo de especialistas en aprendizaje automático de Amazon había descubierto un error en su programa de reclutamiento. Al establecer el programa de inteligencia artificial (IA) para evaluar currículums en un sistema de cinco estrellas basado en patrones en currículums que Amazon había recibido durante la última década, perpetuaron un sesgo de género. La mayoría de esos currículums provenían de hombres, y como resultado, el programa de IA se enseñó a eliminar currículums con ciertos términos, como "mujeres", incluso hasta el punto de rebajar los currículums de los graduados de dos universidades para mujeres.

Amazon disolvió el equipo e insistió en que estos resultados nunca fueron la única fuente de clasificación, pero el uso de IA sigue siendo problemático.

El informe de Reuters cita los resultados de una encuesta de 2017 realizada por CareerBuilder que indicó que el 55 por ciento de los gerentes de recursos humanos anticiparon que la IA sería parte de su trabajo dentro de cinco años. En enero de 2019, Glassdoor hizo una publicación[5] que describía las herramientas de inteligencia artificial que las compañías estaban usando, específicamente citando a AllyO, TextRecruit y Montage, y los procesos de contratación de las principales compañías, incluidas AT&T, Allstate, Capital One, Five Guys, Hilton, Humana, Procter & Gamble y ThredUp. Los comentarios de los entrevistados estuvieron llenos de reacciones positivas a la eficiencia y puntualidad del proceso. Los profesionales de recursos humanos sugieren que en realidad mejora el acceso.

Por lo tanto, parece que aquellos ansiosos por llenar el proceso de reclutamiento con un flujo de candidatos tan diversos como expertos y experimentados tienen la oportunidad de hacerlo. Aún así, quedan importantes precauciones.

Kartik Hosanagar, en su libro de 2019 *"Cómo los algoritmos están dando forma a nuestras vidas y cómo podemos mantener el control: una guía humana para la inteligencia artificial"*,[6] describe un estudio de Carnegie-Mellon de 2015 en el que los investigadores crearon 1,000 perfiles de usuarios simulados, mitad hombre y mitad mujer. Hicieron que 1,000 visitaran los 100 mejores sitios web de empleo, usando Google. Curiosamente, el algoritmo de Google mostró a los perfiles masculinos significativamente más anuncios relacionados con puestos bien remunerados que a los femeninos. Existen múltiples teorías sobre la causa, que incluyen simplemente que las mujeres no hacen clic en los anuncios con tanta frecuencia como los hombres, pero Hosanager señala que esto genera preocupaciones sobre la "dirección", un término y concepto generalmente definido en términos de guiar ilegalmente a los grupos minoritarios hacia las crédito tarjetas que son menos ventajosas. Si bien puede ser involuntario, argumenta, ciertamente no es deseable.

Debido a que la tecnología, específicamente los algoritmos, probablemente seguirá creciendo en uso, no solo en las empresas a gran escala, donde el tamaño del presupuesto puede abarcar fondos para el desarrollo, sino también dentro de las pequeñas y medianas empresas que pueden usar las diversas empresas y las aplicaciones ahora en el mercado, es crucial tomar medidas para identificar el sesgo temprano y erradicarlo de manera eficiente. El primero de esos pasos, por supuesto, es admitir que tal sesgo no solo es posible, sino quizás probable.

Uso cuidadoso del lenguaje: ya sea que el primer nivel de detección se realice mediante IA o mediante métodos tradicionales, algunas empresas limitan inconscientemente el número de solicitantes mediante el uso de palabras que para algunos grupos tienen una connotación negativa. Como Margaret Neale, profesora de la Universidad de Stanford, cuya investigación se centra principalmente en la negociación y el desempeño del equipo, sugiere: "Cuando estás reclutando, ¿qué dice tu reclutamiento? La redacción que está utilizando en su anuncio en sí misma impide que algunas personas la soliciten".

> Los Millennials se preocupan mucho por un lugar de trabajo democrático y votarán teniendo en cuenta sus intereses.
>
> ~ David Hornik | Venture Capitalist

Capacitación de gerentes, contratantes y entrevistadores: el sesgo es, por supuesto, a menudo no reconocido e incluso inconsciente. Las pruebas de asociación implícita desarrolladas por Project Implicit han sido utilizadas con éxito por las empresas encuestadoras, incluida Pew Research,[7] pero también han sido criticadas por varios reporteros y críticos. Usted y sus colegas de recursos humanos pueden, por supuesto, hacer sus propios juicios. Las pruebas se encuentran en línea en https://implicit.harvard.edu/implicit/.

Independientemente de las técnicas que elija para limitar el sesgo, se podría argumentar que uno de sus enfoques más sólidos es garantizar que el equipo de personas involucradas en el proceso de contratación sea inclusivo. Además, es importante que al crear un equipo inclusivo haya evitado no solo el tokenismo real sino también aparente. ¿Cómo reaccionaría un posible empleado de unos 50 años si todos sus entrevistadores tuvieran entre 20 y 30 años? ¿O un equipo de ocho, siete de los cuales se ajustan a esa descripción?

> Es un error utilizar solo un proceso de entrevista para todos los solicitantes, sin importar cuál sea ese proceso.
>
> ~ Laszlo Bock | Autor de *Work Rules*

¿Están informados sus entrevistadores sobre las limitaciones legales de las preguntas que se pueden formular en las entrevistas? (Ver recuadro). Muchas preguntas que parecen bastante inocentes podrían considerarse formas indirectas de averiguar sobre el origen étnico, la afiliación religiosa, la edad, el género y la identidad de género, la afiliación política, etc. Si hay información relevante para las habilidades, requisitos laborales específicos o su cultura corporativa que involucra preguntas que podrían interpretarse como que rompen una de estas restricciones, ¿cómo planean los entrevistadores obtener la información pero no solo son legales sino imparciales?

Jenny Dearborn, ex Vicepresidenta Ejecutiva, Recursos Humanos en SAP (ver más en las secciones de Perspectivas de los Capítulos 3 y 10.) argumenta que es crucial para todos los ejecutivos ser embajadores de talento todo el tiempo. "Si estás en una posición de liderazgo, es tu segundo trabajo todo el tiempo", cree ella. ¿Qué pasos tomas o debes tomar para hacer de eso parte de tu cultura?

Finalmente, es importante recordar que una entrevista constituye un escenario para la evaluación bidireccional. Al describir su decisión de unirse a Alsop Louie Partners, Ernestine Fu recuerda: "Lo que más me importaba era la gente que trabajaba allí".

BARRA LATERAL—PREGUNTAS ILEGALES DE ENTREVISTA DE TRABAJO

Esta información se recopila de múltiples fuentes y no constituye asesoramiento legal.

¿Cuándo naciste? ¿Cuándo te graduaste de la secundaria?

¿Has decidido cuándo esperas jubilarte?

¿Eres un hablante nativo de inglés?

¿De donde eres originalmente? ¿Eres ciudadano de los Estados Unidos?

¿De qué país son tus padres?

¿Es dueño o alquila su casa? ¿Con quién vives y cómo te relacionas con él / ella?

¿Estás saliendo con alguien ahora? ¿Estás casado o planeas casarte?

¿Tienes o vas a tener hijos? Si es así, ¿cuáles serán sus cuidados hacia sus hijos?

¿Estarás disponible para trabajar los fines de semana o por la noche?

¿Qué feriados celebras?

¿Vas a la iglesia?

¿Alguna vez ha sido arrestado? (Las preguntas sobre el registro de condenas pueden estar bien en ciertas circunstancias).

¿Con qué frecuencia te enfermas? ¿tienes alguna discapacidad?

¿Alguna vez has sido adicto a las drogas? (Está bien preguntar sobre el consumo actual de drogas, pero no sobre la adicción. Preguntar sobre el consumo previo de drogas se considera ilegal en algunos casos).

¿Tienes una cuenta bancaria? ¿Alguna vez has sido declarado en quiebra?

Si sirvió en el ejército, ¿qué tipo de baja recibió?

¿Qué piensas acerca de los sindicatos?

¿Tomarías una prueba de detector de mentiras? (Se aplican algunas excepciones, como las empresas gubernamentales, farmacéuticas y de seguridad).

Veo que estás en la Guardia Nacional. ¿Espera desplegarse pronto?

¿Cuánto pesas y qué altura tienes?

¿Puedes creer la forma en que se comporta nuestro presidente?

Para Información Adicional, revisa: www.cheatsheet.com/money-career/illegal-job-interview-questions-you-dont-have-to-answer.html/ and www.betterteam.com/illegal-interview-questions

> Hoy las mujeres constituyen al menos el 49 por ciento en muchos programas informáticos. Eso es un aumento del 13–18 por ciento, y según todas las cuentas en el frente de habilidades, estas mujeres son iguales o mejores que sus colegas masculinos.
>
> ~ Eric Schmidt | ex CEO de Google

Crear y exhibir una cultura corporativa que sea acogedora para los solicitantes con las habilidades y experiencia deseadas: Quizás uno de los estudios más completos que aborde este tema, en este caso relacionado con el sesgo de género, es el informe LeanIn y McKinsey & Co 2018 titulado *Mujeres en el Trabajo*.[8] Algunos de los hallazgos estadísticos del informe son reveladores:

- Las mujeres representan el 48 por ciento de la cartera corporativa para puestos de nivel de entrada, el 38 por ciento de los puestos gerenciales en general y solo el 23 por ciento del nivel C-suite.
- Aunque la diversidad de género debería ser una prioridad comercial, solo el 38 por ciento de las empresas establecen objetivos para la representación de género, el 12 por ciento informa a sus empleados sobre las métricas de género y el 42 por ciento responsabiliza a los altos líderes por avanzar en esta área.
- ¡Los empleados no se venden! Aproximadamente la mitad ve la diversidad de género como una prioridad corporativa en el lugar donde trabajan, y dos de cada diez piensan que es básicamente un servicio indirecto.

- Las micro-agresiones en el lugar de trabajo afectan al 64 por ciento de las mujeres y al 71 por ciento de las mujeres lesbianas. Más de uno de cada tres en algún momento de sus carreras se ha enfrentado al acoso sexual descarado.
- ¿Y las empresas están haciendo algo para abordar estos problemas y hacer que su cultura no solo sea incluyente, sino también respetuosa? Los empleados no lo creen así. El lenguaje y el comportamiento sesgados se cuestionan en solo el 27 por ciento de los casos; comportamiento irrespetuoso 40 por ciento; y reclamos de acoso del 32 por ciento.
- Las mujeres que son las "únicas" en un entorno laboral específico (que es una de cada cinco) tienen 1,5 veces más probabilidades de pensar en irse.

La fórmula que sugiere el informe es sencilla:
1. Haga un seguimiento de la representación por género, raza, género y raza, luego establezca objetivos y comparta estas métricas con los empleados y responsabilice a los altos directivos, gerentes y directores.
2. Haga que la contratación y las promociones sean justas estableciendo nuevamente objetivos, utilizando herramientas de detección automática de currículums [*que han sido revisadas por sesgos ocultos, ver arriba*], estableciendo criterios claros antes de que comience el proceso, requiriendo diversas listas de candidatos, asegurando que todos los entrevistadores hayan sido entrenados para anticipar y evitar sesgos inconscientes, y una vez que se completa el proceso, verifica nuevamente el sesgo.
3. Asegurar que los líderes y gerentes superiores no solo estén de acuerdo sino que defiendan la inclusión y la diversidad.
4. Haz lo que sea necesario para construir una cultura respetuosa.
5. Limite la experiencia "única".

6. Adopte un enfoque flexible para dar a los empleados la capacidad de equilibrar cómodamente la vida laboral y familiar.

Obviamente, estas estrategias también podrían redirigirse fácilmente a otros grupos. Las tácticas pueden variar, pero la intención es muy parecida. Como son los resultados, dado que un empleado que presencia el trato respetuoso de otro empleado espera el mismo trato. Como Goethe dijo: "La manera en que ves a las personas es la manera como las tratas, y la manera como las tratas es en lo que se convierten".

PERSPECTIVAS DE MODA

Insights obtenidas de Entrevistas Personales por los Autores

SALLY PERA pasó 13 años como CEO de la Asociación para el Crecimiento Corporativo, Silicon Valley, y se retiró en 2018. Recuerda vívidamente el cambio que tuvo lugar en su propia organización cuando una empresa de servicios financieros con sede en Alemania abrió una oficina en Silicon Valley y uno de los ejecutivos se unió a la junta. "Es importante", sostiene, "salir y encontrar personas que crecieron en diferentes países, que han tenido diferentes experiencias, que se encuentran en diferentes momentos de la vida y, sobre todo, tienen diferentes formas de pensar". Sin embargo, admite que hacerlo efectivamente puede requerir algún tipo de mandato político, similar a los que han adoptado algunos países europeos. "Tomar la gran mente", dice ella, "requiere un gran compromiso".

TENZIN SELDON sabe de qué habla. Como refugiada tibetana que pasó su infancia en el Himalaya indio, ha sido testigo de más de unos pocos desafíos que surgen para los inmigrantes. La organización que fundó se conoce como Kinstep, y es una plataforma de empresa a empresa diseñada para ayudar a los inmigrantes que han sido precalificados a encontrar empleo al unirlos directamente con las oportunidades dentro de una comunidad determinada. Al mismo tiempo, el grupo trabaja en contra de las prácticas "bajo la mesa" que son demasiado comunes y que conducen a la explotación.

Seldon es firme sobre lo que ella ve como los principales problemas en el reclutamiento y la contratación. Insistiendo en que es casi imposible crear una cultura corporativa inclusiva a menos que el equipo de alta gerencia sea en sí mismo representativo de ese valor, también señala que aquellos que se quejan de la "cantera" no están creando un ambiente para inmigrantes talentosos que de otro modo podrían postularse . "Estas no son personas que se sienten cómodas con el estilo de entrevista de Silicon Valley: una pizarra, un equipo de personas que hacen preguntas, etc. Y el punto real es que si el equipo de gestión incluyera a personas con antecedentes similares, sabrían eso". explica "Necesitamos usar un proceso que permita a todos los solicitantes sentir que pueden representarse bien".

NEHA SAMPAT, CEO de Contentstack, pionera y líder de la industria en gestión de contenido omnicanal, fue nombrada al Consejo de Tecnología de Forbes en 2017. En parte porque su empresa opera tanto en los EE. UU. como en la India, está particularmente en sintonía con los problemas culturales, ya que afectan a las empleadas. "Los roles familiares difieren según la cultura", explica, "por lo que los arreglos de trabajo flexibles pueden ser la clave para que los miembros del equipo se sientan como si estuvieran en igualdad de condiciones".

Sampat también sugiere estar alerta por prejuicios inconscientes en el proceso de contratación. "Me sorprendieron los resultados que vi cuando se eliminan los nombres y se reemplazan por un alias antes de que la información del solicitante se distribuya a los miembros del equipo de contratación. Hace una diferencia medible. Y más allá de eso, es crucial crear una cultura donde se pueda identificar y denunciar el sesgo inconsciente de cualquier tipo".

TORSTEN KOLIND, quien se describe a sí mismo como "danés de nacimiento, europeo de corazón", cofundó YouNoodle con Rebeca Hwang en 2010. Diseñada para conectar a las startups con oportunidades de crecimiento, la compañía es internacional en casi todas las formas posibles: líderes, empleados, inversores, operaciones. El personal representa a 11 países diferentes. Kolind dice que él y su cofundador tenían una ventaja en el campo de la inclusión porque provenían de tres continentes diferentes: Europa, Asia y América del Sur. Como él lo expresa, esa "mezcla lo hizo orgánico". Cuando no es orgánico, agrega rápidamente, el liderazgo debe crearlo. "Recuerda ese adagio", dice, "la cultura come una estrategia para el desayuno". Sin embargo, no está a favor del tipo de cuotas que algunos países europeos han legislado para su inclusión en las juntas corporativas. En cambio, la inclusión debe ser un valor central, nacido del compromiso corporativo.

REBECA HWANG, por su parte, argumenta que: "Las personas no son solo una cosa. No soy solo una mujer, no soy solo una inmigrante, no soy solo una madre. Lo que es importante capturar para un pensamiento innovador y creativo real es el grado de diversidad que hemos tenido en cada individuo". Su propia historia es un ejemplo. Nacida en Corea, creció en Argentina, estudió ingeniería química como estudiante en el MIT (donde también cofundó la incubadora de negocios llamada Cleantech Open), obtuvo un doctorado en Stanford y se convirtió en Socia Gerente en Rivet Ventures después de cumplir seis años como CEO en YouNoodle. En una entrevista publicada por la revista *Forbes* en 2014,[9] describió una serie de situaciones en las que con frecuencia se la ignora o se involucra en conversaciones personales en lugar de profesionales porque es una mujer, pero al mismo tiempo señaló que hay ventajas distintas de ser una ejecutiva mujer, que incluye pero no limitado a solo "sobresalir".

DAVID JULIUS KING III era el Director de Personal de Airbnb cuando realizamos nuestra entrevista. Hoy (2019) se desempeña en una capacidad similar para Shopify y lleva el título de Jefe de Experiencia, Diversidad y Pertenencia de los Empleados. Si bien cree que la inclusión todavía no está a la vanguardia del conjunto de valores de demasiadas empresas, y que todavía hay algunos que aún no han reconocido que "los equipos inclusivos son equipos productivos", una vez que se suben esas colinas y se logra eso – donde se trata de un rendimiento óptimo para inversores y clientes por igual, hay formas de aumentar la inclusión. La parte superior de su lista, especialmente para compañías más grandes donde no es factible hablar regularmente con cada empleado, es el uso de encuestas de retroalimentación. Si los empleados saben que estas encuestas se toman en serio, y si se toman en serio, argumenta, los resultados son medibles y las métricas comerciales lo mostrarán.

RACHEL WILLIAMS, Directora Global de Diversidad en StubHub, no está de acuerdo con aquellos que insisten en que hay muchos candidatos en desarrollo para aquellas compañías con la tenacidad y el propósito de encontrarlos. Sin embargo, agrega que el problema es lo que ella llama "multicapa". Como lo expresa, "la industria de la tecnología no ha hecho un buen trabajo de comercialización a estas comunidades [marginadas] para que se interesen en unirse a nosotros aquí en Silicon Valley para ayudar a construir los productos que todos usan.... Y nuestro sistema educativo no está haciendo su trabajo y graduando estudiantes de color". Sin embargo, al final, ella argumenta que el problema tiene una solución, si los administradores escolares, el gobierno local y las corporaciones trabajan juntos.

SURAJ SRINIVAS tiene que ver con la educación. Como cofundador y director de estrategia de Chalk.com, lidera una organización que encuentra la eficiencia y la conectividad para maestros, administradores y sistemas escolares. Como muchos otros han declarado en estas entrevistas, él ve que la inclusión se basa en las experiencias de la vida y las perspectivas que derivan de ellas tanto como de cualquier género, edad o grupo social / económico específico. "La innovación", dice simplemente, "nace en la intersección de diferentes perspectivas". Y también, como otros, señala que sentirse seguro y dispuesto a asumir riesgos que podrían no tener éxito es un requisito previo para la plena expresión y participación de parte de muchos que operan en territorio desconocido. "Todos necesitan saber que tienen la oportunidad de ser escuchados. Me recuerda, por ejemplo, a enfermeras de algunas culturas a las que se les ha enseñado que bajo ninguna circunstancia cuestionan la decisión de un médico. Muchos inmigrantes son tímidos por razones similares. El papel del CEO es establecer un entorno en el que todos puedan ser reconocidos y apreciados".

SAVITA VAIDHYANATHAN todavía estaba en el cargo como alcalde de Cupertino, CA, cuando realizamos nuestra entrevista, y la primera persona de ascendencia india en servir en esa oficina. Antes de venir a los EE. UU. a principios de la década de 1990, había enseñado en la escuela y trabajó como funcionaria bancaria. Involucrada activamente en su comunidad y con las actividades escolares de su hija, finalmente fue elegida Presidenta del Club Rotario en Cupertino. Describió su experiencia en un artículo de 2014 en *India Currents* de esta manera:

> Si bien los indoamericanos ahora son bien conocidos por su destreza técnica y se sientan en juntas directivas de empresas y organizaciones no gubernamentales indias, no era común encontrarlos en juntas comunitarias locales. En los primeros días, a menudo me confundían con el personal o el soporte técnico y tenía que trabajar muy duro para ganarme mi lugar. Muchas veces, cuando nos

133

presentaron en los eventos de Rotary, la gente suponía que mi esposo era el presidente. Tuve que ser firme y estrechar la mano extendida.[10]

Entonces, lo que ha sentido y lo que ha presenciado conforman sus ideas sobre la inclusión. Ella tiene muchas, por supuesto, pero hay dos que son particularmente relevantes:

1. En casi todos los niveles de educación, las mujeres tienen la impresión de que algunos campos de investigación, y las profesiones para las que preparan uno, son solo para hombres. Esa es la razón principal por la que no se sienten atraídos por STEM.

2. La inmigración es, en la base, una fuente de beneficio significativo para STEM. Si se maneja adecuadamente, proporcionará trabajadores altamente calificados y diversas experiencias.

LAURA MATHER, PHD es la ex directora ejecutiva de Talent Sonar, una plataforma de contratación diseñada para detectar y controlar los prejuicios inconscientes y ayudar a las empresas a crear equipos que sean efectivos e innovadores y reflejen sus valores fundamentales. Identifica tres problemas que cree que se interponen en el camino de los empleadores que puedan considerar el espectro completo del talento disponible:

1. Opciones de idioma en las descripciones de trabajo e imágenes en sitios web y materiales promocionales que pueden hacer que algunos grupos elijan ni siquiera postularse;

2. Desigualdad al evaluar currículums vitae, basados en nombres u otros indicadores de raza o género; y

3. Entrevistas no estructuradas y no calificadas.

Mather tiene múltiples recomendaciones para abordar estos problemas, incluido el uso de algoritmos diseñados para detectar dichos problemas, eliminar nombres de currículums para evaluar y realizar la investigación para determinar qué entrevistas son realmente efectivas.

BILL IHRIE se había retirado de su puesto como Director de Tecnología de Intuit cuando lo entrevistamos, pero a lo largo de su carrera trabajó no solo en el mundo de la tecnología, sino también en un rol tecnológico para la industria bancaria. Sus experiencias lo hicieron muy consciente de la importancia de estar en sintonía con las necesidades y preferencias de los clientes en el desarrollo de productos. "En mi opinión, si está desarrollando un producto para personas de 20 a 30 años, entonces es probable que una persona de 25 años sea un mejor gerente de producto que una persona de 45 años". La misma regla se aplica al revés. "Más adelante en mi carrera, dejé en claro que lo que proporcioné fue contexto, no contenido", recuerda. "En ese momento, los lenguajes de codificación y las técnicas utilizadas por los desarrolladores tenían poca semejanza con los que yo conocía".

JAMES LATTIN es profesor de marketing en la Escuela de Negocios para Graduados de la Universidad de Stanford, donde su investigación reciente se ha centrado en la gestión de las relaciones con los consumidores y en los programas de lealtad o recompensa. Tomando la posición del "defensor del diablo" con respecto a la teoría de la diversidad como parte de nuestra discusión, advirtió contra lo que llamó "gestión por consenso". Es funcional no, argumenta, "cuando todos están de acuerdo, sino que solo cuando todos están de acuerdo después de haber sido escuchados y reconocidos por el grupo". También señala que algunas prácticas de contratación pueden tener consecuencias no deseadas, no debido a la discriminación explícita hacia uno u otro grupo marginado, sino debido a una adhesión excesiva a una calificación o medición específica. "Tomemos la inteligencia: como ya hemos aprendido, hay un contexto cultural que se ha construido inadvertidamente que es desventajoso para aquellos que no entienden el contexto". Y concluye: "Los miembros del equipo harían bien en aprender y comprender lo que significa "Para brillar", estudie las diferentes formas en que pueden avanzar y aspirar a grandes logros en función de lo que otros logran".

MARICÉ BROWN ha dedicado la gran mayoría de su carrera a la industria bancaria. Desde 2006, ha ocupado puestos de liderazgo en banca privada con J. P. Morgan, en Nueva York, California, Texas y ahora nuevamente en Nueva York como Jefa de México, Banco Privado. Ella cree firmemente que la capacidad de las mujeres y otros grupos afectados para avanzar es, de hecho, mejorada por mentores y patrocinadores, pero eso no es suficiente. El "pupilo" también tiene una responsabilidad, de hecho, la responsabilidad principal. Ella basa eso en la experiencia personal como lo expresa:

> Yo fui el único de los tres candidatos que hizo su tarea. Los otros dos candidatos no hicieron su tarea, aunque estaban más calificados que yo, tenían más años de experiencia en JP Morgan Chase. Me senté con mis supervisores para mostrarles por qué valgo la pena, por qué deberían promocionarme. Creé una presentación de PowerPoint con pasos tangibles que iba a tomar si fuera promovido. Mis mentores me avalaron. Mis patrocinadores me apoyaron. Eso es lo que necesitas para tener más mujeres ejecutivas como yo en América corporativa.

KATHRYN V. MARINELLO, CEO de Hertz Global Holdings, ha ocupado altos cargos en una serie de industrias: finanzas y banca, seguros, recursos humanos, marketing, tercerización de negocios y gestión de activos. Su experiencia e ideas con respecto a la inclusión reflejan una perspectiva que es, en sí misma, inclusiva, pero también específica. Sobre Hertz, por ejemplo, dice: "Nuestros empleados, e incluso nuestros automóviles, son un reflejo directo de nuestros clientes, que son un grupo de consumidores en constante evolución, diverso e inteligente". Y sobre la responsabilidad corporativa y el éxito, señala:

Las organizaciones inclusivas descansan sobre los hombros de los líderes inclusivos. La investigación muestra que cuando los líderes principales defienden la diversidad y la inclusión, los empleados se sienten más comprometidos, más creativos, más propensos a permanecer en sus trabajos y más empoderados para ponerse a trabajar...

Debido a que la diversidad y la inclusión comienzan como una prioridad desde arriba, las juntas corporativas deben hacer un esfuerzo concertado para capitalizar el sólido grupo de mujeres talentosas y líderes diversos disponibles hoy en día a medida que los puestos de la junta estén disponibles.

Deben considerar activamente diversos candidatos que puedan complementar a los miembros existentes y ayudar a la junta a ver los problemas desde múltiples lentes y amplias experiencias.

TONY WEST es vicepresidente sénior, director legal y secretario corporativo de Uber, no es un trabajo pequeño, por supuesto, pero tampoco es el primer trabajo importante que ha tenido. Después de recibir su título universitario en Harvard y su título de abogado en Stanford, comenzó su carrera en Morrison y FoersterLLP, donde se convirtió en socio. Después de eso, se mudó al Departamento de Justicia de los EE. UU. (Ver Perspectivas en el Capítulo 9 para más detalles). Cuando lo encontramos para nuestra entrevista, acababa de regresar de haber pronunciado un discurso para una reunión de abogados. Él dice que cuando surge el tema de la inclusión, la queja abrumadora es que los estudiantes tienen una demanda tan alta que es difícil competir. Cuando pregunta si la empresa recluta en los campus que no se considera que están en el nivel superior, la respuesta es que "por supuesto" envían materiales, pero en realidad no van a reunirse con estudiantes graduados. Como él lo ve:

> Eso significa que están limitando automáticamente su campo. Son las personas que se presentan en el campus las que llaman la atención, y los empleados. Necesitamos pensar de manera diferente acerca de lo que constituye el "talento". La persona que obtiene el puntaje más alto en el LSAT no es necesariamente a la que quieres poner frente a un Jurado o, según el caso, esperar negociar el mejor trato. Las corporaciones pueden influir en ese tema al insistir en que las empresas que contratan sean intencionales sobre la inclusión. Te estás engañando si crees que el talento se mide solo por las calificaciones o las escuelas a las que asististe.

ALISON NICOLL no estaba segura de si se quedaría en los Estados Unidos o regresaría a su Escocia natal cuando ingresó a la Facultad de Derecho de Columbia. Fue con la ayuda de uno de sus profesores que encontró su primer trabajo como investigadora legal para el Proyecto de Migración Forzada del Open Society Institute.

Desde entonces, su trayectoria profesional se ha centrado constantemente en las finanzas y las inversiones, primero en la ciudad de Nueva York y luego en Silicon Valley. Sirvió durante seis años como asesora general en Paypal antes de mudarse a Upstart Network como asesora general y directora de cumplimiento.

Una plataforma de préstamos en línea, Upstart utiliza medidas no tradicionales para calificar a las personas para préstamos, prestando especial atención a la gestión del cumplimiento. Las medidas, como el rendimiento académico y el historial laboral, señalan el potencial de los solicitantes de préstamos y pueden ser especialmente útiles para los nuevos inmigrantes o aquellos que buscan financiación para ir a los campos de codificación. "Tradicionalmente, solo aproximadamente la mitad de la población de EE. UU. Tiene acceso al crédito a plazo", explica Nicoll. "Somos conscientes de que nuestro enfoque puede ser controvertido y muy cuidadoso para mantener un programa de cumplimiento sólido y evitar cualquier sesgo no intencionado o no reconocido". ¡Parece que la puerta de la tubería puede abrirse un poco más!

REED HASTINGS, CEO de Netflix, define los tres principales temas de importación para los líderes empresariales a mediados de 2019 (cuando hicimos nuestra entrevista) como China, inteligencia artificial y lo que él llama DEI, por "diversidad, equidad e inclusión". Considera que el tema de la inclusión es fundamental para cualquier proceso bien fundado de toma de decisiones. "Sí, se trata de género, raza y todos esos temas relacionados, pero es más que eso. El nuestro es un mundo multi-local, y una decisión basada en servir a todas las 'ubicaciones' es más saludable". Recordando su propia experiencia en el reclutamiento de un CEO después de haber comprado Dreambox, señala: "Si nos hubiéramos quedado con el antiguo club de niños, nunca hubiéramos encontrado a Jesse Woolley-Wilson, y ella ha tomado una startup de $ 1 millón a $ 50 millones".

Por su experiencia en los directorios corporativos (incluidos Facebook y Microsoft), Hastings es muy consciente de lo que él llama "aislamiento social", que surge cuando los procesos de reclutamiento no son lo suficientemente inclusivos. Él acredita su experiencia como Crown Fellow (un programa del Instituto Aspen) por ayudarlo a comprender el valor de un cegamiento en el proceso de la entrevista. "El enfoque en la inclusión está muy retrasado", insiste. "Por un tiempo vamos a luchar para mantenernos al día, y el progreso que estamos haciendo es en gran parte creado por personas más jóvenes".

JANICE ELLIG es bastante clara sobre lo que defiende, y es un buen gobierno corporativo. Como CEO del Grupo Ellig, fue nombrada por *Business Week* como "una de las cazadoras de talento más influyentes del mundo," y tiene un historial de colocar a mujeres y otros miembros del grupo afectados en puestos de categoría C (75 por ciento) y juntas directivas (85 por ciento) que es difícil de superar. También autora de dos libros, en marzo de 2019 comenzó un canal de podcast titulado "Liderazgo reinventado", diseñado para presentar las historias sobre el logro de las mujeres. "La investigación es irrefutable", dice ella. "Los consejos inclusivos, incluso aquellos con habilidades más débiles que sus homólogos homogéneos, tienen más éxito para liderar la economía actual". Tiene poca paciencia para aquellos que se quejan de los problemas de la tubería, y ofrece tres estrategias específicas:

Primero, si está en contacto con comunidades de candidatos calificados con el perfil que está buscando, puede encontrarlos. En segundo lugar, a veces es necesario volver a capacitar a los responsables de la toma de decisiones corporativas para abrir un poco más la apertura. ¿Quién quiere siete CEOs actuales y anteriores sentados alrededor de la mesa, cada uno tratando de hacerse cargo? ¿Qué hay del candidato que ha liderado una división o proyecto exitoso? Y, finalmente, preparando candidatos internos con el tiempo haciendo que trabajen en varios roles (deje que el CFO se haga cargo de P&L) para que aprendan que la empresa minimiza las interrupciones cuando se produce la sucesión y crea un empleado mejor y más comprometido en el proceso. Si funciona para Best Buy y Apple, puede y funcionará para otros pensadores estratégicos.

JUDITH ESTRIN y de alguna manera todavía lo está haciendo, lo que muchos teóricos sugieren que raras veces fue posible para una mujer que vivía en los Estados Unidos durante la segunda mitad del siglo XX. Ella eligió la tecnología como el enfoque de su educación y, de ahí, su campo profesional, incorporó la actividad empresarial y el éxito (cofundadora, cuéntelos, de ocho empresas de tecnología), se desempeñó como directora de tecnología de una importante empresa en el campo, escribió un libro (*Closing the Innovation Gap: Reigniting the Spark of Creativity in a Global Economy*), participó en juntas corporativas dentro y fuera de la industria tecnológica, por ejemplo FedEx Corporation, Rockwell Automation, Sun Microsystems y Walt Disney Company y actualmente es CEO de JLABS, LLC. Curiosamente, cuando mira hacia atrás en su carrera y cómo se relaciona con el tema de la inclusión, ve una combinación de suerte y oportunidad. Como una de las tres niñas en un hogar donde ambos padres eran ingenieros eléctricos / informáticos, educadores y líderes en su campo, reconoció desde el principio la importancia de los modelos a seguir. No solo su madre, sino también su padre fue una influencia positiva, en lo que dijo y en cómo actuó, ofreciendo un fuerte apoyo a su madre. Ese descubrimiento da sentido a su reacción cuando escucha a otras mujeres hablar de brindar igualdad de condiciones para sus hijas. Insta a que se preste la misma atención a los hijos. "La forma en que tratamos a quienes tienen amplias oportunidades es igualmente importante", enfatiza. "La diversidad y la inclusión no es solo una cuestión moral, también es una cuestión de prosperar".

KATHRYN V. MARINELLO, director ejecutivo de Hertz Global Holdings, ha ocupado puestos de responsabilidad en una variedad de industrias: finanzas y banca, seguros, recursos humanos, marketing, subcontratación comercial y gestión de activos. Su experiencia e ideas sobre la inclusión reflejan una mirada que es, en sí misma, inclusiva, pero también específica. Acerca de Hertz, por ejemplo, dice: "Nuestros empleados, e incluso nuestros automóviles, son un reflejo directo de nuestros clientes, que son un grupo de consumidores inteligente, diverso y en constante evolución". Y sobre la responsabilidad corporativa y el éxito señala:

Las organizaciones inclusivas descansan sobre los hombros de líderes inclusivos. Las investigaciones muestran que cuando los líderes sénior abogan por la diversidad y la inclusión, los empleados se sienten más comprometidos, más creativos, más propensos a permanecer en sus puestos de trabajo y más empoderados para poner todo su ser en el trabajo....

Debido a que la diversidad y la inclusión comienzan como una prioridad desde arriba, los directorios corporativos deben hacer un esfuerzo concertado para capitalizar el fuerte grupo de mujeres talentosas y líderes diversos disponibles en la actualidad a medida que se disponga de puestos en el directorio. Deben considerar activamente a diversos candidatos que podrían complementar a los miembros existentes y ayudar a la junta a ver los problemas desde múltiples lentes y amplias experiencias.

TONY WEST es vicepresidente sénior, director jurídico y secretario corporativo de Uber, un trabajo no pequeño, por supuesto, pero tampoco el primero importante que ha tenido. Después de haber recibido su título universitario en Harvard y su título de abogado en Stanford, comenzó su carrera en la práctica privada, pero al cabo de un año de graduarse de la facultad de derecho comenzó a trabajar en el Departamento de Justicia de EE. UU. En Washington, DC (consulte Perspectivas en el Capítulo 9 para obtener todos los detalles). Más tarde regresó a la práctica privada, convirtiéndose en socio de Morrison & Foerster, LLP antes de regresar al Departamento de Justicia como alto funcionario de la administración Obama. Cuando lo alcanzamos para nuestra entrevista, acababa de pronunciar un discurso para una reunión de abogados. Dice que cuando surge el tema de la diversidad y la inclusión, una queja común que ha escuchado de algunos reclutadores de bufetes de abogados es que el grupo de estudiantes de color talentosos de las mejores facultades de derecho del país es limitado, y estos estudiantes tienen una demanda tan alta que es difícil para las firmas de abogados competir. Cuando pregunta si la empresa recluta en campus que tradicionalmente no figuran en el "nivel superior", la respuesta es que "por supuesto" envían materiales, pero rara vez viajan para encontrarse con estudiantes en el campus. Como él lo ve:

> Eso significa que están limitando automáticamente su campo. Mi experiencia es que el talento está en todas partes; solo tienes que estar dispuesto a ir a buscarlo. Las empresas que se presentan en los campus reciben la atención y las contrataciones. También creo que debemos pensar de manera diferente sobre lo que constituye el "talento". La persona que obtuvo la puntuación más alta en el LSAT o en la clase de agravios puede no ser la persona que deba poner a negociar el mejor trato o ante un jurado para

ganar esa apuesta en el caso de la empresa. Nos estamos engañando a nosotros mismos si creemos que la única o incluso la mejor manera de medir el talento se limita a las calificaciones de la escuela de derecho o al pedigrí de la propia escuela.

ENDNOTES

1   David R. Francis, "Employers' Replies to Racial Names," www.nber.org/digest/sep03/w9873.html.

2   Stephanie Thompson, "Here's Why You Didn't Get that Job: Your Name," www.weforum.org/agenda/2017/05/job-applications-resume-cv-name-descrimination/.

3   Donna Ballman, "Can a Job Description Be Age Discrimination," www.forbes.com/sites/nextavenue/2017/05/10/can-a-job-rejection-be-age-discrimination/#cc37d23621a3.

4   Jeffrey Dastin, *Amazon Scraps Secret AI Recruiting Tool that Showed Bias Against Women*," www.reuters.com/article/us-amazon-com-jobs-automation-insight/amazon-scraps-secret-ai-recruiting-tool-that-showed-bias-against-women-idUSKCN1MK08G.

5   Amy Elisa Jackson, "Popular Companies Using AI to Interview and Hire You," www.glassdoor.com/blog/popular-companies-using-ai-to-interview-hire-you/.

6   Hosanager, Kartik. *How Algorithms Are Shaping Our Lives and How We Can Stay in Control: A Human's Guide to Machine Intelligence*. Viking, New York: 2019.

7   Donna Orem, "Addressing Implicit Bias in the Hiring Process,"www.nais.org/magazine/independent-school/fall-2018/addressing-implicit-bias-in-the-hiring-process/.

8   Rachel Thomas, Marianne Cooper, PhD, Ellan Konar, PhD, Megan Rooney, Mary Noble-Tolla, PhD, Ali Bohrer, Lareina Ye, Alexis Krivkovich, Irina Starikova, Kelsey Robinson, Marie-Claude Hadeau, and Nicole Robinson, PhD, *Women in the Workplace 2018* (LeanIn and McKinsey and Co., 2018) https://womenintheworkplace.com/.

9   Denise Restauri, "What It's Like Being a Woman in Silicon Valley," https://www.forbes.com/sites/deniserestauri/2014/10/13/what-its-like-being-a-woman-in-silicon-valley/#65d050b82f21.

10 Savitya Vaidhyanathan, "My Journey," https://indiacurrents.com/savita-vaidhyanathans-journey/.

CAPÍTULO SIETE

Entrenando a los entrenadores

—

Era el año 2018. El lugar, una clínica médica en el sureste de los EE. UU. especializada en cardiología. La paciente, una mujer de unos 70 años, se volvió hacia el empleado que la llevaba a la sala de tratamiento y dijo: "Sé que eres demasiado joven para darte cuenta de esto, pero es sorprendente y alentador para mí que muchos de los las personas que trabajan aquí, incluidos los médicos, son mujeres".

En silencio, la mujer más joven respondió: "No te emociones demasiado. Su médico tiene un poco de dificultades. No todas las especialidades médicas son iguales, y los cardiólogos varones, al menos aquí, pueden ser menos que acogedores".

A medida que trabajamos en este libro, se ha vuelto cada vez más claro que el sesgo a menudo es implícito, y la inclusión no puede evaluarse adecuadamente simplemente reuniendo números y caras. Cuando el tema es la capacitación, eso puede ser especialmente cierto, porque la palabra en sí misma a menudo se piensa que significa un tipo de educación dirigida a aquellos en niveles de empleo medios y bajos, ciertamente nunca a los ocupantes de la C-suite. El ejemplo anterior, una historia real, captura ese problema dramáticamente. Considere la situación que enfrenta la empresa empleadora. ¿Es fácil imaginar un taller que aborde el tema de frente para todo el personal médico, incluidos los médicos?

Una revisión rápida de la literatura relacionada con la inclusión en entornos médicos produce múltiples estudios y de ellos una gran cantidad de recomendaciones viables. Sin embargo, es interesante observar que, si bien se menciona la tutoría, rara vez lo es la capacitación. Y al mismo tiempo, un estudio publicado en el *Journal of the American Medical Association* Open Network[1] señala que diversificar el liderazgo no es suficiente. Es importante que los administradores, líderes y mentores reciban capacitación implícita sobre prejuicios y desarrollen habilidades de liderazgo que incluyan cómo responder a los comentarios.

Las empresas estadounidenses aún no aceptan totalmente la premisa de que también podrían enfrentar un problema similar. De hecho, el jurado todavía está un poco interesado en la efectividad de la capacitación para la inclusión y la diversidad, a pesar del creciente número de consultorías en esa línea de negocios. La Biblioteca de Psicología de Oxford publicó un estudio particularmente exhaustivo y regularmente citado en 2013.[2] Los autores Frank Dobbin y Alexandra Kalev argumentan que el uso de la capacitación, la evaluación del desempeño y las reglas burocráticas para fomentar la inclusión y la diversidad ha sido "ampliamente ineficaz". dar a los empleados puestos de tiempo completo dedicados al tema han tenido más éxito.

Escribiendo en la revista *Time* en 2018,[3] Joanne Lipman, cuya carrera ha incluido puestos de responsabilidad en *The Wall Street Journal*, Conde Nast y Gannett, entre otros, y que pueden ser mejor conocidos por su libro, *What She Said, What Men Need to Know (y Women Need to Tell Them)*, señaló tres formas en que el estudio de Dobbin / Kalev sugiere que la capacitación falla: cuando es obligatorio, si menciona la ley o cuando es solo para gerentes y no para todos los empleados. Ella agrega que, sin embargo, las compañías continúan gastando casi $ 8 mil millones al año en dicha capacitación.

¿La solución? Una vez más, según Lipman, para muchos empleadores es una variación centrada en el sesgo inconsciente, en el momento de su redacción, era ofrecida por dos de cada diez empresas en los Estados Unidos y se esperaba que aumentara rápidamente a al menos la mitad. ¿Por qué es más efectivo? El argumento de Lipman es doble: (1) está estructurado para ser libre de culpa; y (2) los líderes no solo hablan, sino que actúan ofreciendo incentivos como el permiso parental.

Por supuesto, no existe un consenso real de que los programas de capacitación sean ineficaces. Otros estudios argumentan lo contrario. Uno de ellos, escrito por cuatro profesores de psicología y publicado en *Harvard Business Review*,[4] sugiere que la efectividad informada se deriva de una combinación de tres partes: la elección del método de entrenamiento utilizado, las características de personalidad de los alumnos y exactamente qué resultados se miden. Ofrecen dos recomendaciones específicas.

La primera es incluir lo que denominan "toma de perspectiva", que consiste básicamente en realizar un ejercicio que hace que el alumno se ponga en los zapatos de alguien que es diferente. La técnica específica que usaron fue una tarea para escribir una descripción de algunos de los desafíos que un grupo marginado podría enfrentar.

El segundo es el establecimiento de objetivos, como la intención de impugnar comentarios inapropiados en lugar de permanecer en silencio.

Y, como hemos argumentado en la introducción de este libro, sigue siendo importante, particularmente en la capacitación, reconocer que la inclusión puede verse comprometida en lo que podría llamarse la "dirección inversa". A fines de 2017, periodista, empresario y entrenador corporativo Joanne Cleaver escribió un artículo para el *Chicago Tribune*[5] detallando su experiencia con un taller en línea que duró un mes y se suponía que ayudaría a capacitar a las mujeres blancas para que apoyaran a las mujeres de color. Un intercambio especialmente virulento nos lleva de vuelta al mundo médico. Cuando el grupo vio un feed de Facebook en el que una mujer blanca se regocijó por haberse graduado de la escuela de medicina, los asistentes al taller insistieron en que su logro solo era posible debido a su "blancura". La explicación de la nueva graduada es que había sido una niña adoptiva y se abrió camino en la escuela de pregrado para cambiar su rumbo. Como señaló la escritora: "No es una buena señal cuando descubres que todos en un taller de diversidad piensan de la misma manera". Y después de la experiencia, agregó: "No soy negra, latina, asiática o nativa americana, y no sé cómo es andar por la vida definido por el color de mi piel. Pero sé lo que es para las personas juzgarme en función de mi apariencia. Sé que no es lo mismo, pero es un comienzo".

PERSPECTIVAS DE MODA

Insights obtenidas de Entrevistas Personales por los Autores

MARIA WEAVER es directora de personal en Funding Circle, una compañía que crea crecimiento internacionalmente al vincular negocios que buscan apoyo financiero con inversores, tanto individuales como institucionales, unos 70,000 de ellos mientras se escribe este libro. Con su liderazgo, Funding Circle ha establecido procesos de contratación y capacitación que se centran en el poder de la inclusión. En el frente de contratación, el proceso identifica la experiencia que es "práctica y útil", y al mismo tiempo busca lo que Weaver llama "un complemento cultural" en lugar de un "ajuste cultural". Y una vez que se realiza la contratación, el La empresa trabaja para crear una cultura propia que los empleados consideren un lugar seguro. "Queremos que nuestros empleados traigan su auténtico yo al trabajo, que sean audaces". Cuando esa misma cultura se enfoca en la capacitación de los empleados, la compañía es cuidadosa con el cumplimiento, pero también va más allá de "simplemente no lo hagas" en cuestiones tales como el acoso sexual. "La idea es hacer que nuestros empleados comprendan las complejidades de problemas como este y cuáles son las implicaciones a largo plazo cuando se cometen errores".

CARLOTTA CARTER no tiene mucha paciencia cuando escucha que los líderes empresariales culpan a la "cartera" por no proporcionar el tipo de solicitantes que necesitan para crear un entorno corporativo inclusivo. "Aprieto los dientes cuando escucho eso", admite en nuestra entrevista. "Cuando estoy formando un equipo, tiro la red tan ampliamente como puedo. No busco un "buen ajuste", sino qué tipo de valor aportarán las personas a la mesa. Luego tendrán la oportunidad de aprender y adaptarse". Ella recuerda a una persona que tenía pocas habilidades en IA cuando fue contratado, pero después de tres meses había logrado más de lo que las personas subcontratadas habían tardado años en hacer. "¡Si no puedes encontrarlo, entrénalo!", insiste.

Carter tiene los antecedentes para saber de qué habla. Actualmente CEO de GRI Technology Solutions, trabajó en el reclutamiento en Microsoft cuando se abrió el campus de Mountain View. Después de eso, pasó una década en IBM. Además de GRI (que planea crecer 100 por ciento año tras año durante los próximos cinco años, no hace mucho que completó el programa Goldman Sachs 10K Small Business para ayudar a que eso suceda), es Socia Gerente de PWC Technology Services, Inc. , una empresa de consultoría y personal de TI con sede en Toronto, y hace cuatro años fundó DVRSTY-STEM Accelerators, una organización sin fines de lucro que se enfoca como su nombre sugiere en la inclusión y retención en entornos STEM, pero también ofrece servicios de contratación, emprendimiento y toda la gama de educación, formación y reciclaje.

TODD MANLEY, Director Senior, Desarrollo Corporativo e Integración de Symantec, ofrece una perspectiva sobre la inclusión que, aunque no es precisamente "única", es compartida por pocos en el mundo de los negocios. Bien podría hablar sobre el tema de ser sensible a las diferencias más directamente que la mayoría de los demás. Como él lo expresa, "casi siempre, soy la persona más alta de la sala, y trato de ser consciente del impacto que está teniendo, ya sea que lo quiera o no". Continúa describiendo algunas tácticas que ha adoptado como resultado. "Si estoy en un entorno donde el consenso es importante, y me doy cuenta de que estoy muy preocupado por cualquier otra persona en la mesa, veo si puedo bajar mi asiento". También señala que es común para la gente sentirse bastante cómoda exclamando "¡Hombre, eres alto!" Obviamente, pocos serían tan honestos si el adjetivo fuera "bajo" o "gordo" o "oscuro" o "ligero". Otro testimonio de lo cargado que puede ser el lenguaje y cómo esa "carga" se define culturalmente.

RICHARD PATTON, CEO y CIO de Courage Capital Management, LLC, que se especializa en quiebras y otras inversiones en situaciones especiales, informa que tiene el anverso del problema de Todd Manley. "Soy bajo, así que tengo suficiente experiencia personal para saber que las personas pueden ser selectivas sobre casi cualquier cosa. El punto es simple: contratar, incluir, promover, basado en la habilidad, no en la mentalidad de un club de campo. Si el proceso no es ciego, entonces el objetivo está mal atendido porque corre el riesgo de perder a la persona más calificada".

FIDEL VARGAS a la edad de 23 años se convirtió en la persona más joven en los Estados Unidos en ser elegido alcalde de una ciudad importante, en su caso Baldwin Park, CA. Ha sido miembro de varias juntas del sector público y privado, fue designado para organizaciones asesoras nacionales por los presidentes Clinton y Bush, y nombrado por la revista *Time* como uno de los principales líderes jóvenes de EE. UU. después de haber ocupado puestos de liderazgo y fundar una serie de compañías de inversión a lo largo de su carrera, hoy es CEO y Presidente del Hispanic Scholarship Fund. Con ese tipo de experiencia en su haber, no es sorprendente que tenga ideas muy específicas y definidas sobre cómo aprovechar el poder de la inclusión.

Su enfoque incluye múltiples pasos, todos ellos prácticamente definidos:

1. Identifique los roles superiores para los que existe la oportunidad de practicar la inclusión, al igual que los entrenadores de la NFL.
2. Evite hacer negocios de la manera que siempre lo ha hecho y, en su lugar, trabaje para encontrar y / o establecer conexiones entre quienes son responsables de la adquisición de talento y las personas con el "talento".
3. Adopte un enfoque sistemático para crear un ambiente de trabajo que sea cómodo y aceptable para que aquellos con nuevas ideas no solo estén presentes sino que estén listos para ofrecer ideas que pueden ser diferentes de la norma.
4. Establecer una cultura que aprecia, incuba, estimula la búsqueda del aprendizaje continuo.

GLORIA MOLINS fundó Trip4real Experiences, S.L., una compañía de servicios de viaje con sede en Barcelona, en 2013. AirBnB adquirió la compañía en 2016, y Molins ahora sirve como Líder regional allí. Absolutamente apasionada por el emprendimiento y la gestión ilustrada, nos dice: "Cuando los gerentes se den cuenta de que la inclusión [Ella dijo "diversidad", pero esto fue hace un par de años] aumenta la producción y hace un equipo mejor, todos estarán en un lugar mejor "Y, cuando se trata de capacitación, ella es entusiasta y precisa a la vez:" Como gerente, creo en escuchar a su equipo, identificar las cosas en las que están pensando: qué les preocupa, qué quieren compartir con ustedes. Y ayudándoles con esos problemas".

GREG BECKER tiene la idea de referirse a un banquero como una "camisa almidonada" que muestra cuán superficial puede ser ese tipo de lenguaje. Ha estado con Silicon Valley Bank durante más de un cuarto de siglo, como Presidente y CEO por más de 8 años. Su compañía:

1. Publica anualmente un informe sobre nuevas empresas en los Estados Unidos, el Reino Unido, China y Canadá y también uno sobre mujeres que desempeñan roles de liderazgo de nuevas empresas;

2. Utiliza su sitio web para presentar clientes que tienen éxito y explicar cómo logran ese éxito;

3. Construye puentes para que las empresas tecnológicas trabajen con los mercados emergentes y a través de las fronteras nacionales.

Becker mismo tiene que ver con grandes ideas. Como él lo expresa: "Hay muchas compañías que pueden construirse con ideas bastante simples, pero las que son grandes y audaces son realmente aquellas formadas por ideas transformadoras grandes y audaces. Puedes mirar Uber, Airbnb, WeWork. Las aspiraciones de esos emprendedores son realmente construir algo completamente diferente y aprovechar la tecnología de una manera increíble".

GERMAN TEOBALDO JIMÉNEZ VEGA obtuvo su MBA en 2003 de la Sloan School of Management en el MIT y desde entonces ha ocupado una serie de puestos de alta dirección en la industria petrolera. Al momento de escribir este artículo, es Vicepresidente de Pluspetrol en Argentina. Él ve su trayectoria profesional como fuertemente influenciada por mentores. "La primera y más importante", subraya, "es mi propia madre. Y luego, el estímulo y el asesoramiento, más la visión de lo que se puede y no se puede hacer durante mi experiencia universitaria, continúan siendo influencias importantes".

JUDITH KLEINBERG tiene un asiento de primera fila cuando se trata de comprender las complejidades de encontrar, capacitar y contratar una fuerza laboral calificada. Actualmente directora ejecutiva de la Cámara de Comercio de Palo Alto, trae a la mesa una carrera diversa y activa asesorando y administrando nuevas empresas, actuando como asesora legal, sirviendo tanto en juntas corporativas como sin fines de lucro, la lista continúa. Ella es precisa y analítica cuando describe cómo una comunidad, como Palo Alto, donde la vivienda es prohibitivamente costosa y el transporte público menos que efectivo, lucha por lidiar con los problemas de las canteras. "La situación es realmente compleja", dice ella. "Por un lado, las personas que podrían y quisieran ser parte de la fuerza laboral calificada no pueden permitirse el lujo de vivir aquí o vivir lo suficientemente cerca como para que su viaje no suponga una pérdida de productividad y eventualmente una causa de agotamiento. Por otro lado, continuamente tenemos organizaciones que establecen centros de innovación aquí, porque reconocen que este es, esencialmente, un centro de talento y potencial". El enfoque sugerido de Kleinberg (y uno que se esfuerza por implementar) es "crear cambio social sostenible y vitalidad comunitaria, y de eso derivan un buen clima de negocios".

MO FATHELBAB es un buen ejemplo, ya que es probable que encuentre a alguien que desarrolló un conjunto de habilidades como parte de un trabajo, llegó a disfrutar lo que estaba haciendo y al ver que realmente estaba marcando una diferencia en la vida de los líderes empresariales y el éxito de sus empresas, se dio cuenta de que podría convertirse fácilmente en algo a tiempo completo y comenzó una propia: ya está llenando el espacio en blanco con "empresa de consultoría". No exactamente. Ni siquiera en su mayoría. La compañía de Fathelbab, Forum Resources Network, capacita a grupos de intercambio de pares (en la mayoría de los casos, CEO) para usar habilidades interpersonales en una sesión confidencial y de colaboración para esencialmente "guiarse" mutuamente. Para ser honesto, este puede ser el paradigma de la colaboración entre pares, construido no en el supuesto de que la Persona A es más hábil que la Persona B, sino en el entendimiento de que si la Persona A ha tenido una experiencia que ayudará a la Persona B con un desafío al que se enfrenta, existe la posibilidad no solo de compartir esa experiencia, sino también de permitir que otros miembros del grupo participen también. Debido a que los participantes (el equipo de Fathelbab ha trabajado con más de 20,000 hasta ahora) en la experiencia del Foro ven y se benefician de su fortaleza, muchos eligen usar lo que han aprendido para establecer el tipo de cultura corporativa que fomenta la inclusión.

STEVE BENNETT, ex CEO de Intuit, (Ver Perspectivas en el Capítulo 5 para más detalles) creó un aumento significativo en los ingresos durante su mandato. Le preguntamos a qué atribuye ese logro. "Nuestra declaración de estrategia fue "estar en un buen negocio con estrategias para tener éxito y empleados talentosos y comprometidos que deleiten a los clientes", explica. "La forma de hacerlo es crear un excelente lugar para trabajar que movilice a los empleados para producir excelentes resultados para los clientes, lo que a su vez significa más recompensas para los accionistas. Algunas personas lo ponen en orden inverso, pero para mí son los empleados primero, lo que, por supuesto, requiere mucho desarrollo de liderazgo y capacitación. La mayor parte del crecimiento es orgánico".

CAROLINE WINNETT en esencia trabaja con un pie en el aula y el otro en la sala de juntas. Como directora ejecutiva de Berkeley Skydeck, la principal aceleradora de startups en UC Berkeley, ella tiene literalmente (desde el tercer piso del edificio más alto de la universidad) y figurativamente una vista panorámica de 100 startups, y trabaja con más de 150 mentores asignados para enriquecer el desarrollo del liderazgo empresarial que hace crecer a las empresas. En nuestra entrevista le preguntamos qué pensaba que podría hacer la sociedad en el futuro para avanzar en la inclusión en el lugar de trabajo. Ella responde de dos maneras. En el nivel práctico, un negocio a la vez, sugiere que con demasiada frecuencia, aquellos que tratan seriamente de ser inclusivos son completamente inconscientes de las formas en que no lo hacen. "Las estadísticas ahora muestran que las startups, que se centran en adoptar las contribuciones de lo que me gusta llamar 'grupos no incluidos', superan a las que no lo hacen, por lo que no es difícil vender la idea", explica, "pero a menudo simplemente no se dan cuenta del sesgo implícito. El entrenamiento es crucial". En una nota más teórica, ella señala que "el cerebro está programado para incluir lo que es familiar". Eso significa, por supuesto, que crear experiencias y entornos que expandan horizontes con el tiempo crearán cambios. "Necesitamos ser implacables, pero pacientes", concluye Winnett.

BUNNY SUMNER YOUNG fundó un negocio que aprovecha sus habilidades como instructora, entrenadora, terapeuta, oradora motivadora, productora de talleres prácticos y profesional de la salud mental. Se llama "A Better Place Consulting", y la historia detrás de esto es tanto de determinación personal como de impulso profesional. A la edad de 14 años, Young fue diagnosticado con una afección cardíaca. "Ese es el tipo de experiencia que te hace hacer balance", dice ella. Tomó un puñado de medicamentos a diario, y no fue hasta que cumplió 17 años que un médico le preguntó si realmente le gustaba tomar medicamentos. "No sabía que había una alternativa", recuerda, "y cuando sugirió un animal de servicio, protesté porque no tenía problemas auditivos ni visuales. Al igual que muchas personas, no tenía una comprensión real de los animales de servicio, para qué están entrenados y cómo funciona el sistema". Ella relaciona esa experiencia ahora con lo que muchos líderes empresariales y posibles fundadores comerciales que ha aconsejado enfrentar. "Si nunca ha dirigido una empresa, no sabe lo que no sabe", así lo expresa ella. Y agrega que resolver ese problema ocurre efectivamente cuando todos los involucrados en una empresa se sienten seguros y aceptados lo suficiente como para ser honestos e innovadores sin temor al rechazo o la burla.

La experiencia continua de Young con un perro de servicio regularmente arroja luz sobre los problemas que surgen cuando un individuo es de alguna manera diferente, y no se han entablado conversaciones abiertas para derribar las barreras que pueden existir. "En realidad, un hombre me preguntó si tenía una silla de montar que él podría usar para montar a mi perro", dice ella. "Y uno de mis empleadores, sin hablar conmigo primero, sugirió que la gente 'venga a conocer al perro de nuestra compañía', mientras que otro insistió en que lo dejara en casa debido a un evento que habíamos programado". Claramente, hay inclusión, pero también hay intrusión y engaño.

"Mucha gente realmente no sabe por dónde empezar a encontrar una manera mejor o diferente de hacer negocios", concluye Young. Los dos elementos en los que se enfoca para obtener modelos de negocio productivos y exitosos son: (1) un entorno seguro creado para alentar a los empleados a "dedicarse por completo al trabajo"; y (2) una conciencia colaborativa, que ella define como empresarios que trabajan como una "tribu", porque "estamos mejor juntos".

ROSHNI NAIDU se unió originalmente al personal de Amazon justo después de obtener su Maestría en Ingeniería Financiera y Análisis de Riesgos en el Instituto Politécnico Rensselaer. Cuatro años más tarde, interrumpió su mandato para obtener un MBA en la Wharton School, y hoy es Gerente Técnico Superior de Producto para Amazon. Además de haber participado en múltiples programas de pasantías, es muy consciente de la importancia de la capacitación, la tutoría y especialmente el patrocinio. "Sí, hay colinas que escalar cuando no te pareces a nadie más en la sala", afirma, "y he tenido mucha suerte de que más mujeres mayores en las reuniones se ofrezcan como mentoras para mí". Por eso, a su vez, hago esas ofertas a mujeres que tienen menos experiencia que yo". También enfatiza que considera que los patrocinadores son aún más importantes. "Para mí", explica, "un mentor te ayuda a crecer, mientras que un patrocinador es la persona en la mesa que está dispuesta a arriesgarse por ti, contarte sobre las nuevas oportunidades, contarles a los tomadores de decisiones sobre tu habilidades, hacer todo lo posible para que esto te suceda a ti". Como resultado, agrega, ella trabaja muy duro para estar a la altura del retrato que el patrocinador ha pintado. Ella reconoce claramente que las responsabilidades que recaen en la persona que recibe ayuda son tan grandes como las de la persona que ayuda. No es sorprendente saber que su clase de MBA de Wharton la recomendó para el premio "Benji Shuttler" por liderazgo desinteresado—o que ella lo haya ganado.

PATTI PEREZ es una mujer en una misión. Su objetivo, como lo describe en su perfil de LinkedIn es "crear un cambio revolucionario en la forma en que nos comunicamos y tomar decisiones en el trabajo". Hasta ahora, ha encontrado una multitud de formas de alcanzar ese objetivo: abogada, reguladora estatal, profesional de Recursos Humanos, oradora, formadora y, ahora, autora. Su libro actual, *The Drama-Free Workplace: How to Prevent Unconscious Bias, Sexual Harassment, Ethics Lapses and Inspire a Healthy Culture* aborda los principales problemas de frente y su trabajo como vicepresidenta de estrategia laboral para Emtrain, una empresa de tecnología de cultura laboral , le ofrece oportunidades diarias para abogar por lo que cree al ayudar a las empresas a construir culturas inclusivas. En nuestra entrevista, ella es directa al describir lo que se necesita para que los líderes construyan verdaderamente culturas saludables en el lugar de trabajo. "Una forma de abordarlo", explica, "es ver que el proceso tiene tres capas:

1. ¿Estamos realmente listos para decir que estos temas son importantes?
2. ¿Qué tal si está bien gastar el dinero que se necesita?
3. ¿Nos hemos tomado el tiempo y el esfuerzo para ver que el dinero se utiliza de manera efectiva?

Pérez está particularmente enfocada en ese último punto. "Es muy fácil" arrojar dinero "a los problemas, un poco como los padres adinerados arrojan dinero a los niños mimados. Si la plataforma y la misión de una empresa no se trata de democratizar su cultura y reflejar la necesidad de justicia social, el dinero hace poca diferencia".

LESLIE (LES) DEWITT es fundadora y miembro emérita de la junta directiva de The Peninsula Bridge, un programa de 12 años (quinto grado hasta la escuela secundaria, y más recientemente con tutoría continua hasta la universidad) que trabaja en colaboración con escuelas públicas e independientes para apoyar a los alumnos de bajos ingresos que buscan alcanzar el éxito académico y, en última instancia, profesional. Él tiene el entusiasmo por mejorar las oportunidades educativas para los desfavorecidos por haber trabajado en Sudáfrica durante el tiempo que Nelson Mandela estuvo encarcelado y haber sido testigo del efecto de que las comunidades de bajos ingresos hayan sido cercadas en pequeños municipios con educación limitada, si es que la hay.

Cuando regresó a California, fundó primero The Peninsula Bridge, y luego un poco menos de una década después el Programa Compass que aborda la transición exitosa de la escuela secundaria a la universidad, y unos años después el Fondo para la Paz diseñado para minimizar la violencia en todos. sus formas. En pocas palabras, DeWitt ha dedicado su vida a programas que fomentan la inclusión con la firme y apasionada creencia de que la educación es la clave.

LUIS X. BARRIOS es CEO de Arkangeles, una empresa que fundó en 2017, que tiene su sede en México y proporciona la primera plataforma en línea para poner a disposición del público la inversión en startups en América Latina. Arkangeles no es la primera empresa de este tipo en la que Barrios ha estado involucrado. Fue cofundador de ThePool, una comunidad en el lugar de trabajo (e incubadora) en 2013 y The Ark.Fund en 2016. No es sorprendente que sea un ferviente creyente en los mercados emergentes. Como él mismo dice, "No es probable que el próximo Google se funda en San Francisco o Londres". En el mundo desarrollado, dice, "la curva de la innovación se ha eliminado". En su opinión, la inclusión tiene que ver con reconocer entornos fértiles para el crecimiento y la innovación basada en la cultura, en lugar de volver a los mismos tableros de dibujo una y otra vez.

ENDNOTES

[1] Jaya Aysola, MD, DRM&H, MPH; Frances K. Barg, PhD, MEd; Ana Bonilla Martinez, BS, CHES; et al, "Perceptions of Facotrs Associated with Inclusive Work and Learning Environments in Health Care Organizations: A Qualitative Narrative Analysis," https://jamanetwork.com/journals/jamanetworkopen/fullarticle/2695077 doi:10.1001/jamanetworkopen.2018.1003.

[2] Dobbin, F, and A Kalev. 2013. "The Origins and Effects of Corporate Diversity Programs," pp. 253-281 in Oxford Handbook of Diversity and Work, edited by QM Roberson. New York: Oxford University Press.

[3] Joanne Lipman, " How Diversity Training Infuriates Men and Fails Women," http://time.com/5118035/diversity-training-infuriates-men-fails-women/.

[4] Alex Lindsey, Eden King, Ashley Membere, and Ho Kwan Cheung *Two Types of Diversity Training That Really Work.* https://hbr.org/2017/07/two-types-of-diversity-training-that-really-work

[5] Joanne Cleaver, "Commentary: I Got Kicked Out of Diversity Training," https://www.chicagotribune.com/news/opinion/commentary/ct-perspec-diversity-feminism-white-privilege-20171217-story.html.

CAPÍTULO OCHO

Políticas y Normas

—

La intersección entre el mundo corporativo y las políticas públicas en los Estados Unidos siempre ha sido una problemática en el mejor de los casos y, a menudo, incluso fragmentaria. Tradicionalmente, por supuesto, el efecto de las empresas estadounidenses en las políticas públicas se juega en términos de: (1) donaciones, que están estrechamente reguladas a nivel federal y, a menudo, se logran en gran medida a través de los Comités de Acción Política (PAC); (2) cabilderos; y (3) membresía en asociaciones comerciales que contratan cabilderos registrados y de otra manera buscan informar el proceso político. Según el Centro para una política receptiva, en 2018 había 11,586 grupos de presión en los EE. UU., Y el gasto de cabildeo alcanzó los $ 3,42 mil millones.[1]

La participación en los niveles estatales y locales varía ampliamente según la jurisdicción, así como también según el lugar y la forma en que las corporaciones hacen negocios. Sin embargo, es en ese nivel que el efecto más directo sobre el tema de la inclusión en el lugar de trabajo se ha desarrollado en el siglo XXI. En septiembre de 2018, el gobernador de California, Jerry Brown, promulgó un proyecto de ley que requiere que cualquier corporación con acciones que coticen en una de las principales bolsas de valores de EE. UU. y que tenga una oficina ejecutiva principal en ese estado para nombrar al menos una directora en su junta para fines de 2019. Además, para cualquiera de esas compañías con una junta de cinco directores, dos deben ser mujeres para fines de 2021. Con seis o más directores, el número se convierte en al menos tres.[2]

Hasta que se aprobó esa ley, la presión para la inclusión en las juntas corporativas provenía en gran medida de la adjudicación de casos judiciales y las políticas de los inversores institucionales. En su campaña "Fearless Girl", por ejemplo, State Street en 2018 votó en contra de la reelección de los directores del comité de nominaciones y gobierno en más de 500 compañías que se juzga que no han hecho un esfuerzo acreditable para abordar el tema de la inclusión.[3] BlackRock también comenzó en 2017 a impulsar la inclusión de la junta, así como a prestar más atención a cuestiones como la equidad salarial.[4]

¿El mensaje de todo esto? Los gerentes corporativos sabios se dan cuenta de que lidiar con problemas de inclusión no solo una vez, sino que a través del tiempo, comienza a tener una influencia directa y medible en todo tipo de indicadores financieros.

LA DEMOGRAFÍA DIRIGE EL DIÁLOGO

A medida que se escribe este libro (mediados de 2019), las mentes de los estadounidenses, y en muchos casos sus emociones, están siendo consumidas por los problemas de inmigración, especialmente en lo que respecta a los que vienen de América Central y del Sur. Si bien diferimos marcadamente en edad y en la cantidad de tiempo que hemos pasado en la comunidad corporativa de los EE. UU., sus dos autores se mudaron a los EE. UU. Somos muy conscientes de que nuestras perspectivas nacionales no son exactamente "diversas", y también reconocemos que el uso de estadísticas o proyecciones para abordar la agitación que rodea a la inmigración bien podría hacer que este libro sea anacrónico para cuando lo esté leyendo. Entonces, en cambio, estamos eligiendo hacer dos puntos básicos:

1. La "vida media" de las emociones producidas por cualquier mentalidad de nosotros o ellos, es un poco más larga que la de los problemas básicos que producen esas emociones.

2. En la medida en que cualquier política de inmigración tenga un efecto negativo sobre la capacidad de los niños en los Estados Unidos para ser educados y asimilados adecuadamente en el orden social, las corporaciones y la nación pagarán un alto precio.

Nosotros y ellos: Ya lidiamos brevemente en este libro con el comportamiento que evoluciona, tal vez mejor dicho "estalla", cuando una persona se define como el "otro", incluso si esa definición se basa en la forma en que alguien se viste , conversa o gesticula, o si ella o él han sido asignados artificialmente a un grupo sin ningún comportamiento o creencia que justifique esa asignación. (Se supone que uno es racista porque vive en Alabama o elitista porque ella asistió a la Universidad de Harvard). Una forma en que las corporaciones han optado por abordar esta "alteridad" es formando afiliaciones con una amplia variedad de grupos comunitarios basados en la cultura. McDonalds, por ejemplo, enumera más de 15 "socios clave" que representan una gama completa de perfiles de membresía: mujeres, negras, asiáticas, hispanas, indias americanas, etc.[5] Dando un paso más, la compañía establece lo que llama "Redes de Negocio de Empleados" a través de las cuales los empleados pueden encontrar mentores, patrocinadores y modelos a seguir, y tener acceso a liderazgo de alto nivel. (Vea múltiples referencias a otras compañías que hacen lo mismo a lo largo de este libro).

Bill Coleman describe a los grupos de empleados de Veritas como fundamentales para la cultura de inclusión de la empresa. En ese caso, hay ocho grupos de este tipo: el de mujeres se conoce como WAVE (Women at Veritas Empowered) y opera no solo en los EE. UU., sino también en las instalaciones de Veritas en todo el mundo. En la comunidad, Veritas también patrocina programas en colaboración con universidades históricamente negras, así como con grupos de veteranos, por nombrar solo dos.

¿Cómo se relaciona esto con las políticas públicas? Si la disputa política socava los programas patrocinados por el gobierno o de otra manera aísla a los inmigrantes, los líderes corporativos sensibles al poder de la inclusión pueden y tomarán el relevo, al igual que los líderes comunitarios en el crecimiento del comercio local.

Esto se convierte en una vía aún más fuerte a seguir cuando consideramos el hecho de que los inmigrantes están fuertemente representados entre los trabajadores independientes. Según un informe de Pew Research,[6] los porcentajes de inmigrantes por cuenta propia frente a nacidos en EE. UU. Por grupo étnico en 2014 fueron los siguientes:

	INMIGRANTE	NATIVO
• Asiático	11 por ciento	7 por ciento
• Negro	7 por ciento	5 por ciento
• Hispano	11 por ciento	6 por ciento
• Blanco	17 por ciento	11 por ciento

Educación: la complexión de la fuerza laboral de 2019 en los EE. UU. Se describe de manera bastante diferente, dependiendo del argumento que el analista, orador, escritor, periodista y político esté tratando de formular. Algunos apuntan a bajas tasas de desempleo. Otros insisten en que esos cálculos son engañosos, porque muchas personas que pueden y quisieran estar empleadas han dejado de buscar trabajo y no se las considera "desempleadas".

Del mismo modo, algunos sostienen que los trabajos se están exportando porque los impuestos y otros programas gubernamentales hacen que los costos de empleo sean prohibitivos y les dan a las corporaciones pocas opciones. Otros dicen que los líderes corporativos están tan ansiosos por maximizar los márgenes de ganancia a cualquier costo que están dispuestos a destruir comunidades y diezmar a la clase trabajadora exportando cualquier trabajo no calificado que puedan, además de aquellos que requieren habilidades básicas.

Aquellos con la visión de mirar hacia el futuro una década más o menos se dan cuenta de que estas disputas podrían verse ensombrecidas por el desplazamiento a gran escala de trabajadores a menos que la planificación comience ahora. Se puede argumentar que hay una especie de "tormenta perfecta" en el horizonte, creada por la conjunción de:

1. la posibilidad de que la IA, los drones, los robots y otros avances tecnológicos se hagan cargo de muchos puestos que ahora ocupan los trabajadores de fabricación y administrativos;

2. los costos vertiginosos de la educación superior, de modo que aquellos sin el dinero para ir más allá del nivel de la escuela secundaria renuncien a la oportunidad de mejorar su acceso a mejores trabajos o se tambaleen bajo cargas de deuda que limitan severamente cómo y cuándo pueden comprar casas y de otra manera participar en lo que algunos predicen como una sociedad de consumo en expansión;

3. aumento de la desigualdad de ingresos, especialmente en los Estados Unidos y China.

En su informe de 2017 titulado "Jobs Lost, Jobs Gained: Workforce Transitions in Times of Automation",[7] los investigadores del McKinsey Global Institute sugieren que para 2030 entre 75 millones y 375 millones de miembros de la fuerza laboral mundial enfrentarán la necesidad de cambiar las categorías ocupacionales. Destacan que este es un escenario que describe no una falta de trabajos disponibles, sino un cambio en los trabajos disponibles. Como lo dicen:

> El aumento de la inversión y el crecimiento de la productiv-idad de la automatización podría impulsar un crecimiento suficiente para garantizar el pleno empleo, pero solo si la mayoría de los trabajadores desplazados encuentran nuevo trabajo dentro de un año... Para lograr buenos resultados, los encargados de formular políticas y los líderes empresar-iales deberán adoptar los beneficios de la automatización y, al mismo tiempo, abordar las transiciones de los traba-jadores generadas por estas tecnologías.

Al cierre de 2018, *The Star*, el periódico diario más grande de Canadá, reimprimió una predicción que Isaac Asimov había escrito en 1983 sobre el año 2019. Al analizar la informatización, Asimov insistió en que el avance tecnológico históricamente había creado más empleos de los que destruyó, pero que los trabajos especial-mente en este caso sería diferente y se requeriría un "gran cambio en la naturaleza de la educación".[8]

No se necesitan estadísticas para llegar a un acuerdo sobre el argumento de que las posiciones de nivel de entrada son ocupadas desproporcionadamente por mujeres, hombres negros y los grupos étnicos a menudo agrupados como "minorías", a pesar del aumento en su número. Armar a estas personas con las habilidades apropia-das antes de ser desplazadas ya se ha convertido en una prioridad. Un informe de 2018 publicado por la National Skills Coalition[9] señala que aproximadamente el 53 por ciento de los empleos en el mercado laboral de los EE. UU. califican como "habilidades medias" (que requieren educación más allá de la escuela secundaria, pero no un título universitario), y solo el 43 por ciento de los trabajadores tienen ese tipo de entrenamiento

Una serie de esfuerzos de colaboración entre líderes corporativos y de colegios comunitarios ya están dando sus frutos en este frente. Al mismo tiempo, las asociaciones comerciales relacionadas con la educación están aumentando. Según el Consejo Nacional para la Educación de la Fuerza Laboral, una afiliada de la Asociación Estadounidense de Colegios Comunitarios, hay alrededor de 650,000 credenciales, incluidos títulos tradicionales, programas de capacitación y certificaciones basadas en habilidades que ya están disponibles en los EE. UU., y más y más colegios comunitarios y empleadores están promoviendo el concepto de aprendizaje basado en el trabajo.[10]

La severidad real de la desigualdad de ingresos en los EE. UU. es un objetivo móvil, en el mejor de los casos, y con suficiente tiempo y una capacidad razonablemente adecuada para usar un motor de búsqueda, puede encontrar el tipo de estadística que comienza un buen discurso de apertura y apoyo eso. Sin embargo, lo que importa en términos de inclusión no es tanto cuántas personas se ven afectadas, sino cómo se ven afectadas. En 2014, la OCDE (Organización para la Cooperación y el Desarrollo Económico)[11] encontró que entre sus países miembros durante las tres décadas anteriores, la desigualdad de ingresos había:

- produjo un impacto negativo estadísticamente significativo en el crecimiento económico, en gran parte atribuible a la brecha entre los hogares de bajos ingresos y el resto de la población;
- desarrollo de habilidades deprimidas para los ciudadanos cuyos padres tenían una educación limitada, tanto en términos de cuánta educación formal recibieron y cualquier mejora en la eficiencia de las habilidades.

Con base en sus hallazgos, los investigadores pidieron políticas del mercado laboral que promuevan el empleo para grupos desfavorecidos, además de ofrecer apoyo para el cuidado de los niños y beneficios en el trabajo.

Finalmente, toda la investigación anterior se aplica no completamente, sino en gran medida a aquellos sin educación avanzada o habilidades demostrables por encima de la norma. Eso deja a un grupo importante. En 2018, un equipo de investigadores de la Universidad de Stanford[12] acumuló una gran cantidad de datos sobre las contribuciones que los inmigrantes han hecho en este país a la innovación. Tres serán suficientes aquí:

1. Desde 1990 hasta 2000, representan el 26 por ciento de los ganadores del Premio Nobel del país.

2. Los inmigrantes generan aproximadamente ¼ de la producción innovadora (medida por las patentes otorgadas, las citas ponderadas que recibieron y el valor económico que produjeron) en los sectores químico, informático y de comunicaciones, medicamentos y medicina y electrónica.

3. Los inventores inmigrantes tienden a tener más colaboradores que los inventores nativos.

(Puede agregar la información provista en el Capítulo 5 para desarrollar este argumento).

Nuevamente, ¿cómo se relaciona esto con las políticas públicas? Oblicuamente, tal vez, pero importante. Sin la contribución significativa de estas personas, los EE. UU. podrían experimentar lo que un investigador de los NIH llamó una "fuga de cerebros". Explicó que en su laboratorio no era inusual tener un equipo de los mejores científicos de todo el mundo. Sí, dijo, podrían sentirse atraídos por este país debido al acceso a una financiación superior, pero de lo que hablaron fue de la oportunidad de trabajar con otros en su nivel intelectual, que habían tenido experiencias educativas y de vida significativamente diferentes y debido a ello diferentes aportes a los análisis.

O, en otras palabras, estaba presenciando la versión positiva de nosotros y de ellos, que bien podría perderse si la política de inmigración de alguna manera limita el acceso o la política económica limita la financiación.

PERSPECTIVAS DE MODA

Insights obtenidas de Entrevistas Personales por los Autores

JOE SIMITIAN es un político consumado, y para nosotros, mientras escribimos esto, eso no tiene el "anillo" que debería, porque pocos en la arena política están obteniendo mucho respeto. Sin embargo, en el caso de Simitian, hay una serie de premios y demasiados reconocimientos públicos para enumerar que en conjunto refuerzan el caso de que él, licenciado en derecho y la comunidad de buen corazón, sabe cómo el liderazgo político puede y funciona en beneficio de todo. Actualmente Supervisor del Condado de Santa Clara, ha tomado un camino a través del servicio público que lo arma con experiencia personal en y alrededor de todo tipo de culturas: senador estatal y miembro de la asamblea, alcalde de Palo Alto, múltiples funciones de la junta escolar, observador / supervisor electoral en El Salvador y Bosnia, y voluntario para los programas de ayuda y reasentamiento del Comité Internacional de Rescate en Albania y Kosovo. En otras palabras, sus opiniones se basan en una amplia experiencia. Lo que se requiere, argumenta, es "vías de transición" para los inmigrantes. Eso significa: (1) Ser conscientes de que no estamos en sintonía con sus necesidades mejor de lo que ellos están en sintonía con nuestros hábitos; (2) Reconocer habilidades incluso si no están acompañadas de documentación estadounidense; (3) No solo atraer a los mejores y más brillantes, sino también mantenerlos.

ALEX EPSTEIN se ocupa de alternativas: ideas, organizaciones, enfoques, filosofía, interpretaciones de la historia y comunicación. Ha pasado casi una década desde que fundó el Centro para el Progreso Industrial (CIP), un grupo de expertos con fines de lucro que tiene como misión principal el reconocimiento y el uso del potencial humano para mejorar nuestras vidas y nuestro planeta mediante el uso juicioso de la tecnología. Su libro, *"The Moral Case for Fossil Fuels"*, es precisamente lo que su título proclama: un argumento para el uso de combustibles fósiles. La mayor parte de su trabajo se centra en el uso de energía y la ciencia climática (o presunta ciencia), pero también ha articulado hábilmente ideas sobre el potencial humano. Y ha desarrollado lo que él llama una "herramienta de claridad extrema", que es un medio para lograr que las personas estén de acuerdo con una posición que usted tiene, digamos para su inclusión, cuando ellos tienen otra. El enfoque que recomienda implica explicar las ideas de la otra persona "mejor de lo que pueden", agregando, restando y modificando el contexto. Cosas embriagadoras, y hacerle justicia tomaría otro capítulo o dos, pero cuando Epstein considera el uso común de la "diversidad" y usa su método, lo ve como un término inexacto sin una clara diferenciación de significado o propósito. Ofrecer una oportunidad a alguien porque él o ella es miembro de una determinada raza o porque necesita a alguien de esa raza en lugar de porque necesita a esa persona en su equipo es, bueno, racismo, argumenta. Piénsalo.

CARL GUARDINO ha servido durante más de dos décadas como Presidente y CEO del Silicon Valley Leadership Group, una organización de comercio de políticas públicas que representa a más de 350 de los empleadores del área. También ocupa puestos de liderazgo en los ámbitos del transporte y la vivienda, después de haber sido nombrado por cuatro períodos consecutivos en la Comisión de Transporte de California y co-creado Housing Trust Silicon Valley. Y luego hay una serie de organizaciones y eventos de caridad en los que él está involucrado. Después de haber lidiado durante muchos años con problemas económicos y sociales, tiene una comprensión integral de la conjunción de iniciativas de políticas públicas y privadas en un entorno rico en tecnología. "Es mucho más fácil", dice, "pronosticar los cambios demográficos en la próxima década que los cambios tecnológicos". Ante el rápido aumento en el número de niños latinos en el sistema escolar del área, expresa preocupación. "Nos hemos dado cuenta de que estamos fallando a la mayoría de nuestros niños latinos", explica. "Hoy en Silicon Valley, solo el 59 por ciento de todos nuestros alumnos de tercer grado están leyendo a nivel de grado, y para los niños latinos ese número es aún menor: 35 por ciento". Y en términos de posibles soluciones para el desequilibrio social y económico, dice: "Nuestros colegios comunitarios pueden desempeñar un papel integral en nuestros esfuerzos por diversificar nuestra fuerza laboral y reconstruir nuestra clase media".

PAUL BRADLEY, presidente y director ejecutivo de Caprica International, ha tenido una carrera que desmiente. Ha trabajado en una variedad de organizaciones corporativas, en funciones de servicio público (incluida la oficina del Senado de los EE. UU. del Senador Paul Laxalt y la Cámara de los Comunes británica), en varias funciones de alta gerencia en el Lejano Oriente; la lista parece casi infinita. Cuando vivió y trabajó en Hong Kong, fue para un empleador japonés, lo que lo convirtió en una minoría de dos maneras diferentes, una experiencia que describe como transformadora. ¿Cómo aprendió a adaptarse? Él recuerda:

> Cuando fui a la Thunderbird School of Global Management, había 85 nacionalidades en mi clase, así que tuve esa ventaja. Luego, cuando me presentaron una cultura diferente, hice todo lo posible para sensibilizarme, recordar que no es solo lo que dices, sino cómo lo dices. Con los japoneses, por

ejemplo, hay todo tipo de matices en torno a cómo usas tu cuerpo. Nunca viertes tu propia bebida, pero sí viertes la de otra persona. En India, vi películas con subtítulos en inglés, estudié la religión, la comida, el estilo de vida. Lo que creo ahora, firmemente, es que trabajar en 14 países diferentes ha sido un verdadero regalo. He llegado a saber que la organización más fuerte, la que tiene la ventaja competitiva, es la que combina habilidades, culturas, nacionalidades y perspectivas. Tiene que "saltar al otro lado".

TERESA DAVIES, según su propia descripción, se trata de lo que ella llama "impacto". Impaciente con cualquiera que describa un valor central y no pueda señalar resultados tangibles o dólares invertidos para respaldar esa afirmación, vive lo que cree. Actualmente cursando una maestría en Asuntos Públicos y Análisis de Políticas, también es una consultora de gestión activa. Cuando la entrevistamos, ella todavía estaba trabajando en la industria de la energía, ocupó altos cargos en varias compañías de Fortune 500 y estaba ocupada representando a veteranos en entornos comunitarios y corporativos. Como veterana de la Marina, es una de esas mujeres que en múltiples situaciones ha sido "una de tres" o la "única", ya sea mujer, latina o veterana. "Sí", recuerda, "tuve un asiento en la mesa, pero pronto me di cuenta de que eso no significaba necesariamente que mis ideas se oyeran, y mucho menos escucharan". Descubrió, como muchos otros, que la ubicación es importante, y de maneras que a veces son sorprendentes. Por ejemplo, fue testigo de una mayor inclusión en San Diego que en San Francisco, y debido a que la comunidad de Indiana en la que trabajaba era más pequeña que cualquiera de las dos, descubrió que su voz era mucho más probable que se escuchara "siempre que supiera de qué estaba hablando y pudiera proporcionar algo que afectaría el resultado final". Su trabajo con la Organización de Empresas Propiedad de Veteranos Discapacitados en esa comunidad abrió casi $ 60 millones para veteranos en menos de un año. "Ser un extraño fue un beneficio", insiste. "Esa experiencia me hizo preguntarme si nos estamos limitando a mantenernos en nuestra propia especie. Es importante saber exactamente lo que quiere hacer, tener objetivos y ser auténtico. Si comete un error, dígalo. Poseer tus propias limitaciones.

TOM TORLAKSON pasó los primeros siete años de su carrera profesional como profesor y entrenador de ciencias en la escuela secundaria. Desde entonces (incluidos los dos últimos de esos siete años) ha dedicado su tiempo al servicio público, en los niveles de la ciudad, el condado y el estado. De 2011 a 2019, se desempeñó como Superintendente Estatal de Instrucción Pública para California. Le apasiona la importancia de integrar a los recién llegados a las comunidades locales y al país en general:

> Si vamos a limitar las pandillas y la violencia, y debemos hacer todo lo posible para lograrlo, necesitamos crear un entorno en el que todos tengan la oportunidad de encajar, y elegir y calificar para una carrera profesional debido al acceso a educación de calidad. El concepto mismo de una "universidad" es reunir a las personas con diferentes puntos de vista para que puedan compartir ideas. Al comenzar con una educación sólida desde el principio, brindamos a los jóvenes la posibilidad de identificar la carrera que desean seguir. De esa forma desarrollan un sentido de propósito, que es muy importante.

THAIS REZENDE se basa en la experiencia en varios campos diferentes cuando diseña iniciativas para alentar y apoyar el emprendimiento y el desarrollo empresarial. Ha sido periodista trabajando tanto en televisión como en medios impresos, profesional de relaciones públicas, desarrolladora principal de un programa de propulsión comercial (SuccessLink), miembro del personal del consulado mexicano, desarrolladora de programas para la Iniciativa de las Mujeres para el Autoempleo y luego Director Ejecutivo de la oficina del condado de San Francisco y Marin de esa organización. Luego se mudó a la oficina de East Bay, asumiendo el mismo papel de liderazgo. Desde que se convirtió en CEO de Bizworld.org, el grupo ha ampliado enormemente su alcance internacional.

Rezende comparte con el fundador de Bizworld.org, Tim Draper, la visión de que involucrar a los niños de primaria y secundaria en programas prácticos que se centran en el liderazgo, la responsabilidad financiera y el trabajo en equipo les ayuda a descubrir sus propios talentos, desarrollar habilidades críticas y desarrollar confianza en sí mismos. A medida que trabajan juntos para crear un negocio, no solo se están preparando para asumir desafíos académicos, sino también para desarrollar el tipo de competencia que alimenta el emprendimiento. Dado que los niños son "optimistas de corazón", Bizworld prepara el escenario para "cambios en el mundo real". Sin embargo, en su opinión, las habilidades y la inteligencia son solo el comienzo. "El éxito se basa en la oportunidad".

ORIANA BRANON (CAMACHO) trae experiencia profesional en algunas de las firmas de relaciones públicas más grandes del país a su posición como Directora de Relaciones Comunitarias y Públicas de Alaska Airlines para el Área de la Bahía de San Francisco. Ella es a la vez sincera y convincente en su descripción del enfoque de la compañía para encontrar formas de apoyar y enriquecer a la comunidad, especialmente para aquellos residentes cuyo acceso a la educación y al desarrollo profesional puede ser limitado. "No, no tenemos los presupuestos que tienen algunas de las aerolíneas más grandes", admite, "pero somos bastante deliberados al tratar de identificar programas que producen resultados tangibles". Por ejemplo, cita programas de educación de verano como "campamentos de codificación", donde se proporcionan comidas y se desarrollan habilidades para y entre aquellos que tal vez no puedan pagar los programas de educación avanzada más tradicionales. "Además", agrega, "hacemos un esfuerzo adicional para asegurarnos de que toda la comunidad esté al tanto de las oportunidades de trabajo y las opciones de carrera, donde los posibles salarios anuales pueden estar cerca de los $100,000 y el grupo de talentos actual está envejeciendo". La mecánica de la aviación es un excelente ejemplo". En general, el mensaje que ella y su equipo desean enviar es que" Alaska Airlines se preocupa, estamos aquí para quedarnos y estamos creciendo".

KEN MCNEELY, CEO de AT&T West, solo bromea parcialmente cuando se refiere a su empresa como una "startup de 140 años". Habiendo comenzado su empleo en AT&T en 1981 como abogado interno, ha sido testigo y ha participado en lo que puede suceder cuando los líderes corporativos miran hacia el futuro informados por una comprensión total de la comunidad a la que sirven y un compromiso para lograr el bien social y satisfacer las necesidades de la sociedad. En pocas palabras: "Cuanto más incluyas, mejor innovarás".

McNeely relata una historia que es un ejemplo particularmente efectivo de su argumento.

> Silicon Valley y Central Valley están geográficamente a solo 80 millas de distancia, pero cultural y económicamente son mundos aparte. Como compañía, decidimos que era importante ayudar a proporcionar oportunidades educativas para los hijos de los trabajadores migrantes en el Valle Central, y lo extendimos a un programa que no solo incluía tutoría, sino que alentaba a estos jóvenes a crear casos para nuevos productos y servicios. El caso de un estudiante fue revelador. Resulta que los trabajadores querían pagar sus

facturas en efectivo, pero no pudieron porque estaban trabajando durante las horas de operación de nuestros puntos de venta. Este estudiante presentó el caso de un quiosco fuera de la tienda que es efectivo en efectivo, amigable con el idioma y abierto todas las horas. Fue uno de esos casos en los que "no sabíamos lo que no sabíamos". Esos quioscos todavía están en funcionamiento hoy.

Como afroamericano y representante de la comunidad LGBT, McNeely también puede identificar experiencias personales durante sus casi cuatro décadas en AT&T cuando su perspectiva de vida ha ayudado en ámbitos como el conocimiento de la marca. No es sorprendente que AT&T haya sido galardonado con el puesto número uno en la lista de las 50 principales compañías de diversidad de DiversityInc en 2019.

FRANK BAXTER cree que los seres humanos están "programados para no cambiar nuestras mentes", y debido a eso, en una serie de situaciones, su negocio ha sido tratar de comprender las mentes de los demás y ver qué tipo de cambio genera, por él y para esos otros. Como CEO de Jefferies Group LLC antes de su retiro en 2000 (ahora es presidente emérito de Jefferies and Co.) adoptó un estilo de gestión distintivo que explica de esta manera: "Una vez que decidimos una misión, no le dije el equipo de gestión qué quería que hicieran o cómo hacerlo. En cambio, les pregunté qué planeaban y luego los responsabilicé por ejecutar ese plan. Creo que si observa el desempeño de la compañía en la última década del siglo XX, estará de acuerdo en que algo funcionaba bien".

Nombrado para servir como embajador de los Estados Unidos en Uruguay por el presidente George W. Bush, rápidamente identificó un tutor y comenzó a aprender español. Cuando llegó a Uruguay, encontró otro, y los dos continúan trabajando juntos hoy por

Skype. Él recuerda una experiencia particular de ese período de servicio con bastante claridad. "Mi posición política fue objeto de burla real por parte de algunos de los medios. Cuando llegué por primera vez, me describieron como un "tiburón de Wall Street". Poco después, el país sufrió un desastre natural, los Estados Unidos enviaron apoyo financiero y Baxter recibió un guión en inglés para leer con el fin de explicar el regalo de los Estados Unidos. Cuando leyó el guión en español escrito para entregar a los medios locales, insistió en que podía y lo leería en su lugar. "El hecho de que hablé en español fue una noticia más importante al día siguiente que el regalo", se ríe. Eso cambió actitudes y reportajes. Baxter obviamente sabe el valor de incluir y ser incluido.

NANCY BROWN ha trabajado para la American Heart Association durante más de 30 años, y se desempeñó como CEO durante más de un tercio de ese tiempo. Esa experiencia le ha enseñado que es posible, no solo posible sino productivo, que una organización de alcance nacional tenga un impacto "local". "Durante décadas, la AHA se ha centrado en garantizar que todas las personas tengan acceso a la salud y el bienestar", señala, "y también en crear un entorno en el que todos estén invitados a ser parte del proceso, sea cual sea su profesión o la experiencia que pueda tener". En términos de innovación, ella señala que AHA es una organización que es a la vez científica, global, relacionada con la salud y basada en la comunidad. Su Fondo de Impacto Social, establecido en 2018, está diseñado para apoyar programas creados y diseñados por organizaciones locales. "Traemos lo que es bueno para apoyar en lo que somos buenos" es la forma en que Brown lo describe. Y dentro de la dirección de la organización, existe un gran esfuerzo para promover la inclusión. "Durante años, nuestra junta ha reconocido que cuando nos enfocamos en la inclusión, nuestro diálogo y perspectiva son más ricos y nuestras perspectivas son mejores", concluye.

MARC TARPENNING no encaja bien en ninguna "caja". Sí, es ingeniero, pero también está interesado en nuevas empresas que podrían ser un poco o mucho más riesgosas de lo que preferiría el graduado de STEM promedio. Tarpenning y su colega y amigo Martin Eberhard cofundaron Tesla en 2003, dando origen a una revolución de automóviles eléctricos que ahora se mueve al frente y al centro en la medida en que los fanáticos de la tecnología lo ven.

Más recientemente, se ha unido a Spero Ventures, una firma enfocada en apoyar a las nuevas empresas que definen "hacer el bien" tanto como tener éxito financiero como crear el tipo de bien que desvía a la comunidad en general: agua, uso de la tierra, sostenibilidad, alimentos, etc. Tarpenning comenzó a trabajar como cuidador para Textron en Arabia Saudita, y tiene experiencia de primera mano con las brechas que pueden surgir cuando las fuerzas laborales buscan soluciones para las brechas creadas por las diferencias culturales.

Insiste en que contratar personas realmente inteligentes no es suficiente. "De hecho", argumenta, "la persona súper inteligente puede ser perjudicial. Lo más importante es un equipo que pueda trabajar en conjunto". Explica además que, especialmente en el campo de la puesta en marcha, es crucial ser rápido en la reducción de pérdidas, y eso significa incorporar varios puntos de vista y rechazar una situación en la que prevalece una mente, sin importar cuán brillante sea.

MARIA MARTINEZ, se podría decir, es una "especialista". A lo largo de su notable carrera (incluidos ATT, Microsoft, Salesforce y ahora Cisco), sus títulos han incluido palabras como "cliente" y "servicio". Sin embargo, una mirada más profunda podría sugerir que sería más exacto decir que ella es "especial", no "ista". Una madre emprendedora y una maestra que la desafiaron a seguir la carrera de ingeniería le dieron su propio impulso, y le apasiona el valor de la tutoría y el patrocinio. Ella es, por ejemplo, la patrocinadora ejecutiva de Cisco de "The Multiplier Effect", un movimiento en la industria tecnológica para cambiar la ecuación de la diversidad. Se basa en un compromiso personal que cualquier individuo, en cualquier empresa, puede hacer para patrocinar a un individuo extraordinario y diverso con el fin de construir una rica línea de talentos extraordinarios de todo tipo.

DON COX, profesor emérito de Ingeniería Eléctrica en la Universidad de Stanford, recuerda que durante su permanencia en la universidad trató específicamente de enfocarse en garantizar que las estudiantes no solo tuvieran acceso, sino también un camino claro para desarrollar experiencia en el campo de la tecnología. Señala que, si bien trabajó con aproximadamente tantos estudiantes de doctorado que eran mujeres como hombres, ambos grupos se han convertido, como él dice, "integrados en industrias tecnológicas e instituciones académicas". En otras palabras, la capacitación y la experiencia son las puertas a la inclusión, independientemente del género.

ENDNOTES

[1] www.opensecrets.org/lobby/

[2] Howard Dicker, Lyuba Goltser and Erika Kaneko, Weil, Gotshal & Manges LLP, "Mandated Gender Diversity for California Boards," corpgov.law.harvard.edu/2018/10/18/mandated-gender-diversity-for-california-boards/.

[3] Lubya Goltser and Erika Kaneko, "State Street Escalates Policy on Board Gender Diversity and Touts Impact of its 'Fearless Girl' Campaign," https://governance.weil.com/latest-thinking/state-street-escalates/.

[4] "Blackrock Vows New Pressure on Climate, Board Diversity," Reuters, www.cnbc.com/2017/03/13/blackrock-vows-new-pressure-on-climate-board-diversity.html.

[5] https://corporate.mcdonalds.com/corpmcd/about-us/diversity-and-inclusion.html

[6] http://www.pewsocialtrends.org/2015/10/22/immigrants-contributions-to-job-creation

[7] James Manyika, Susan Lund, Michael Chui, Jacques Bughin, Jonathan Woetzel, Parul Batra, Ryan Ko, and Saurabh Sanghvi, *Jobs Lost. Jobs Gained, Workforce Transition in Times of Automation* (McKinsey Global Institute, 2017). www.mckinsey.com/~/media/mckinsey/featured%20insights/future%20of%20organizations/what%20the%20future%20of%20work%20will%20mean%20for%20jobs%20skills%20and%20wages/mgi-jobs-lost-jobs-gained-report-december-6-2017.ashx

[8] Isaac Asimov, "35 Years Ago, Isaac Asimov Was Asked by The Star to Predict the World of 2019. Here Is What He Wrote," www.thestar.com/news/world/2018/12/27/35-years-ago-isaac-asimov-was-asked-by-the-star-to-predict-the-world-of-2019-here-is-what-he-wrote.html.

[9] Katie Brown, *Powerful Partners: Businesses and Community Colleges* (National Skills Coalition, 2018) www.nationalskillscoalition.org/resources/publications/file/Powerful-Partners-Businesses-and-Community-Colleges.pdf.

[10] https://www.ncwe.org/page/2019_conference.

[11] https://read.oecd-ilibrary.org/social-issues-migration-health/trends-in-income-inequality-and-its-impact-on-economic-growth.

[12] Shai Bernstein, Rebecca Diamond, Timothy McQuade and Beatriz Pousada, *The Contribution of High-Skilled Immigrants to Innovation in the United States* (Stanford University, 2018). web.stanford.edu/~diamondr/bdmp_oct2018.pdf.

CAPÍTULO NUEVE

Entrenando Habilidades y Experiencias

—

Primero, veamos por qué este capítulo es el penúltimo. Si bien diferimos en edad y, naturalmente, en los conjuntos de actitudes generacionales que define la edad, ambos creemos firmemente que los hechos, investigaciones, opiniones, estrategias y tácticas que hemos presentado hasta ahora en este libro encuentran su aplicación más directa en relaciones personales.

En muchos sentidos, la situación es circular: la inclusión comienza con las relaciones personales, crece o disminuye a través de las relaciones personales y afecta el lugar de trabajo, la comunidad e incluso la economía a medida que esas relaciones personales se enriquecen o refuerzan. Aprendemos a ser inclusivos más fácilmente al conocer a aquellos que son diferentes a nosotros, de cualquier forma que se defina. La comprensión que ganamos cambia nuestro comportamiento. Eso, a su vez, provoca nuevas reacciones, actitudes y comportamientos en todas las personas y lugares que definen nuestro "mundo". Como lo expresó Henry Ford: "Reunirse es un comienzo. Mantenerse juntos es el progreso. Trabajar juntos es un éxito".

En el "mundo" empresarial, las relaciones personales suelen formalizarse de dos maneras: formación de equipos y tutoría. Vamos a ver.

VAMOS EQUIPO!

Bien podría admitirlo. Para equipos: cómo construirlos... Cómo seleccionar y entrenar a los miembros... Ya sea para comenzar con el proyecto y luego encontrar el equipo para llevarlo a cabo o presentar el objetivo, nombre al equipo y deje que los miembros definan los parámetros del proyecto: hay muchos consultores competentes y creativos listos para ayudar y múltiples marcos en los que trabajar. Esencialmente, la inclusión es tanto la pregunta como la respuesta.

La autora y profesora de la Universidad de Stanford, Tina Seelig (Ver Perspectivas en el Capítulo 5 para obtener información profesional completa), ha escrito ampliamente sobre la importancia de la interacción del equipo y cómo se informa mediante la inclusión cuidadosa de diferentes puntos de vista. En un podcast titulado "Inclina tu sombrero a tu equipo"[1] publicado por eCorner de la Universidad de Stanford, revisa el "Modelo de seis sombreros" de Edward deBono, que usa sombreros de diferentes colores para identificar los diferentes roles que desempeñan las personas:

- Los que se centran en los **hechos** usan el sombrero blanco.
- Los que se centran en el **proceso** usan el sombrero azul.
- Los que lideran con **creatividad** usan el sombrero verde.
- Los que confían mucho en su **intuición** usan el sombrero rojo.
- Los que ven dónde pueden **salir mal** las cosas usan el sombrero negro.
- Aquellos que se enfocan en lograr que todos **se lleven bien** llevan el sombrero amarillo.

Cuando Selig usa el modelo en su clase, les da a los estudiantes sombreros reales con borlas de diferentes colores, y les permite descubrir sus niveles de comodidad con diferentes roles, cómo hay un orden óptimo dentro del cual funcionan los sombreros, según la tarea, etc. Ella concluye: "El trabajo en equipo es increíblemente importante cuando se construyen organizaciones que abordan problemas espinosos. Se necesita un grupo compuesto por individuos que aporten diferentes perspectivas a la mesa, respeten los diferentes estilos de trabajo y puedan aprovechar el valor que cada uno aporta".

Se ha convertido en una obviedad proclamar que cuanto más inclusivo sea el equipo, más innovador será el proceso. La inclusión no solo produce una viva fertilización cruzada de ideas, sino que prepara el escenario para crear una base de clientes más amplia y sienta las bases para una aceptación más rápida, más rica y más duradera de ideas empresariales. Y, como es obvio por el trabajo de Seelig, la inclusión involucra no solo lo visible, sino también lo intelectual, lo emocional y lo ideal.

La inclusión funciona mejor, de hecho, creemos que solo funciona cuando los miembros del equipo participan en una comunicación efectiva. El uso cuidadoso de palabras y expresiones idiomáticas, gestos y lenguaje corporal, y si el intercambio de miembros del equipo es presencial o se practica a través de uno u otro canal tecnológico escrito, de audio o video, son los temas centrales para una colaboración efectiva. La investigación dedicada a este tema podría hacer un libro por sí solo (y hay varios completos), por lo que para nuestros propósitos aquí, vamos a presentar solo uno o dos ejemplos en cada categoría.

Estilo de lenguaje: en la década de 1960, a medida que un número creciente de mujeres comenzaba a desarrollar carreras fuera del hogar, se las alentó a prestar atención a la forma en que hablaban en un entorno empresarial. En particular, debían evitar hacer preguntas: "Deberíamos considerarlo...?—a favor de hacer declaraciones directas. Hoy eso se ha revertido. La idea es ser menos asertiva, por lo tanto, no tan "amenazante". Las mujeres hispanas, especialmente, informan haber sido criticadas por ser demasiado expresivas. Mientras tanto, el tema de lo que se conoce como "conversación en el vestuario" y si pertenece al lugar de trabajo, incluso cuando solo los hombres están allí para escucharlo, puede ser una distracción, si no una división total.

Palabras y modismos: la traducción de un idioma a otro puede ser incierta, de hecho. Por ejemplo, la palabra "beso" en sueco significa "orina". Y LOL en holandés significa "diversión". Además, por supuesto, los significados cambian con el tiempo dentro del mismo idioma y dentro de diferentes subculturas. "Malo" es un excelente ejemplo. En inglés tradicional es simple, no es bueno. En el uso coloquial actual, puede significar muy bien, sexy, etc. En el frente idiomático, dos que pueden surgir fácilmente en un entorno de equipo y ser confusos para alguien que recién está aprendiendo inglés son "lanzarse" e "ir a la ciudad". O considere que el inglés "jalar la pierna de alguien" en español se expresa como *tomar el pelo*, tomarle el pelo a alguien.

Gestos: este es un campo minado virtual. Hay dos que son comunes y pueden ser letales. El "pulgar hacia arriba" estadounidense en Nigeria, Australia, Grecia o el Medio Oriente es esencialmente grosero y connota "sube el tuyo". El signo "V por la victoria" tiene el mismo significado crudo en Sudáfrica, Australia y el Reino Unido si tu palma está mirando hacia adentro y, como su madre puede haberle advertido, señalar puede ser grosero en casi cualquier lugar, dependiendo del contexto.

Durante más de un cuarto de siglo, los libros de Roger Axtell[2] han sido la fuente de referencia para quienes planean viajar o hacer negocios en culturas con las que no están familiarizados. Su trabajo sobre los gestos es un tesoro de información y entretenimiento, en algunos casos. Varias de las historias que relata se aplican directamente a los malentendidos que surgen cuando un gesto significa una cosa en un país y algo completamente diferente en otro. Un ejemplo: cuando una empresa estadounidense compró una compañía alemana en el mismo campo, los ingenieros de las dos compañías comenzaron a trabajar juntos. Un ingeniero estadounidense sugirió una cierta "solución" a su homólogo alemán, quien

NUEVE | Entrenando Habilidades y Experiencias

luego le preguntó si lo estaba haciendo bien. El estadounidense señaló que estaba bien usando su pulgar e índice para hacer un círculo. El alemán dejó sus herramientas, salió y se negó a intercambiar más con el estadounidense. Cuando un supervisor finalmente persuadió a los dos para que se sentaran juntos y reconstruyeran lo que sucedió, se enteró de que, para el alemán, lo que el estadounidense había señalado era: "Eres un imbécil".

Lenguaje corporal: tocar casualmente a otra persona es un hábito que varía notablemente entre culturas, tanto en la frecuencia con que ocurre como en la forma en que se interpreta. El contacto de hombre a hombre es común en gran parte del Medio Oriente, América Latina, Rusia y el sur de Europa. En Estados Unidos, Japón, el norte de Europa e Inglaterra, no lo es, y en Estados Unidos a veces se interpreta como una expresión de homosexualidad. A raíz del Movimiento #MeToo, el tema del contacto entre géneros requiere una atención cuidadosa al contexto y si un toque que pretende ser simplemente de apoyo puede malinterpretarse. (Mientras se escribe este libro, la vorágine creada en torno al hábito de Joe Biden de tocar para ofrecer apoyo está explotando a través de los medios de comunicación).

El uso del contacto visual directo también varía según la cultura. En los EE. UU. y Europa, a menos que sea sostenido y pedregoso, se considera no solo aceptable sino una muestra sólida de interés. En muchas culturas africanas, asiáticas y latinoamericanas puede verse como falta de respeto, un desafío de autoridad o una afrenta. Y, por supuesto, en el Medio Oriente, especialmente entre los musulmanes, el contacto visual directo entre géneros es inapropiado, y cuando lo practica una mujer puede interpretarse como provocativo.

Comunicación cara a cara versus comunicación escrita, de audio o video: las predicciones varían según el porcentaje específico, pero existe un acuerdo general entre quienes estudian las tendencias económicas de que el número de personas que trabajan a distancia aumenta exponencialmente en los EE. UU. Parte de eso ocurre porque los avances tecnológicos lo han hecho más fácil y rentable, pero también es el resultado de políticas inclusivas de corporaciones con visión de futuro ansiosas de ser sensibles a las necesidades familiares de sus empleados. Entonces, es algo bueno, ¿verdad? Sí, pero requiere monitoreo y un reconocimiento de que incluso las mejores videoconferencias carecen de intercambio cara a cara cuando se trata de expresar emociones, comunicar matices y crear consenso. Un miembro del equipo que mira un video ve en qué se enfoca la cámara. Si ese no es todo el grupo, no es toda la historia. Un intercambio de texto o correo electrónico es tan bueno como los comunicadores son expertos en el uso del medio. Luego está la posibilidad omnipresente de distracciones cuando los miembros del equipo se comunican desde entornos remotos.

La investigación publicada en *Harvard Business Review* en 2012[3] revela que la comunicación de los equipos más exitosos ocurre cuando todos los miembros del equipo hablan y escuchan la misma cantidad de tiempo, se enfrentan entre sí, hacen un gesto enérgico y se conectan directamente (no solo con el líder del equipo) cuando están juntos. También ayuda si mantienen conversaciones paralelas y se interrumpen periódicamente, y salen a recuperar información pertinente y la traen de vuelta.

DESTINADO A SER MENTOR

Un amigo nuestro comenzó su carrera profesional enseñando en una escuela secundaria pública. Cuando se encontraba saliendo de la escuela casi todas las tardes, unas dos horas después de que terminara el día escolar oficial porque varios estudiantes venían a hablar con él en privado, le preguntó al consejero escolar si pensaba que tal vez debería obtener un título en consejería. Su respuesta fue rápida e insistente. "Absolutamente no", dijo. "Mi oficina está justo al final del pasillo desde tu salón de clases. Conozco a esos estudiantes y ellos me conocen. Me gustan la mayoría de ellos y creo que les gusto, pero te das cuenta de que no están en mi oficina después de la escuela. Desde su punto de vista, cuando los escucho, es porque ese es mi trabajo. Cuando lo haces, es porque te importa".

Conociendo a nuestro amigo, agregaríamos que sus habilidades para escuchar también podrían haber tenido algo que ver con lo que estaba sucediendo, pero el punto es que la misma variación de actitud se puede aplicar a las relaciones informales de asesoría y a las que son "oficiales". Si la relación es más una tarea que una elección, es responsabilidad no solo del mentor, sino del pupilo hacer un esfuerzo adicional para basar su trabajo en confianza y capturar el mismo sentido de "ayuda" que caracteriza las relaciones de asesoría que crecen automáticamente por mutua confianza y admiración.

Sin embargo, ya sea formal o informal, la tutoría que funciona requiere una comprensión clara de su propósito: desarrollo de habilidades, cómo encajar en la cultura organizacional, mayor visibilidad y probabilidad de promoción, etc., desde el primer momento. La relación debe incluir la participación completa de ambos individuos, ser metódica pero no rígida y presentar formas acordadas para medir los resultados. A menudo, cuando los programas de mentores son parte de las iniciativas de inclusión en el lugar de trabajo, los mentores también actúan como patrocinadores o defensores.

Mi compañía no estaría
donde está hoy, si no fuera
por las personas con integridad
que me ayudaron en el camino.

~ Stacey Ferreira | CEO de Forge

En el frente de las habilidades, también existe una relación a veces denominada "tutoría inversa". Un buen ejemplo es el compromiso de un asociado menor y más joven para capacitar a un gerente de más edad sobre cómo navegar con éxito dentro de una forma de tecnología recientemente desarrollada. Discutimos con el descriptor "inverso", tal como lo hacemos con la idea de que la inclusión supone que el grupo de inclusión es de alguna manera superior al que se incluye. (¿Recuerda el equipo de baloncesto de Sandlot y Kareem que mencionamos anteriormente?) Un mentor es una persona que tiene conocimiento, experiencia, sabiduría, técnicas para compartir con otro; él o ella no es superior al otro.

Cuando entrevistamos a Bill Ihrie, ex Director de Tecnología de Intuit, recordó un excelente ejemplo de este tipo de tutoría. La compañía tenía la política de contratar de 50 a 100 pasantes de verano, a quienes enviaron al centro de llamadas durante su primer mes o seis semanas. Debido a que los pasantes realmente habían estado escuchando las opiniones de los clientes, se familiarizaron más con los problemas y tendencias actuales que los gerentes de proyecto a tiempo completo. No solo pudieron informar el proceso, sino que se prepararon mejor para ser empleados a tiempo completo. Como explicó Ihrie, el propósito del programa de pasantías era identificar y capacitar a los nuevos empleados potenciales, por lo que la experiencia del centro de llamadas tuvo múltiples reproducciones. (Vea más en la sección Perspectivas de este capítulo).

Eso plantea la cuestión de si las relaciones de mentoría son más fuertes si las dos personas involucradas comparten alguna designación: género, edad, etnia. Nuevamente, como discutimos anteriormente, los seres humanos, naturalmente, se sienten más cómodos en grupos con los que se identifican. Por otro lado, considere la posibilidad de un miembro más joven que sea una de las pocas personas con discapacidad física en el personal que asesore a un gerente superior que sea médico en una empresa que diseña y construye prótesis.

Michele Lee, ex subsecretaria de Comercio de Propiedad Intelectual y ex consejera legal general de Google (consulte las Perspectivas en el Capítulo 10 para obtener información completa), dice que si bien reconoce que es atractivo tener mentores que "se parezcan a usted", aconseja a los jóvenes la gente no debe esperar a que surja esa oportunidad específica. "Si hubiera esperado que eso sucediera, nunca habría llegado a donde estoy ahora", enfatiza.

Esta es quizás la razón por la cual muchas empresas comprometidas con la inclusión crean grupos de recursos de empleados y, por lo tanto, esencialmente usan la homogeneidad para lograr lo que los equipos y las tutorías usan para hacer la heterogeneidad. Mencionamos McDonalds en el último capítulo. Procter and Gamble es un ejemplo aún más agresivo. A nivel mundial, P&G ha organizado grupos de afinidad para mujeres líderes, para personas con discapacidades y para un grupo de género que incluye empleados homosexuales, bisexuales, lesbianas y transgénero. En los EE. UU., también hay un grupo para veteranos y reservistas, además de equipos de liderazgo para aquellos con ascendencia africana, asiático-pacífico americano, hispanos e indios nativos americanos.

Tiffany Jana, fundadora de TMI Consulting y coautora de *The B Corporation Handbook*, agrega que se puede establecer una fuerte conexión sobre la base de compartir intereses o actividades en una causa específica. "Una alineación de valores realmente puede darle una ventaja", dice ella.

Y luego, a nivel del cliente, hay grupos focales, enriquecidos de manera considerable si ellos también son inclusivos. Sin mencionar los grupos focales entre los propios empleados. Como lo expresó la atleta legendaria Althea Gibson: "No importa qué logros realices, alguien te ayudó".

PERSPECTIVAS DE MODA

Insights obtenidas de Entrevistas Personales por los Autores

Podría decirse que LINDA GRIEGO tiene tanta experiencia en trabajar con grupos variados de personas y en entornos organizacionales públicos y privados como una persona podría encajar en la vida. Actualmente es Directora Independiente de CBS Corp, ha sido Presidenta y CEO de su propia compañía desde 1986, fundó y operaba un restaurante en el centro de Los Ángeles, se desempeñó como Vicealcalde de Los Ángeles, asumió posiciones de liderazgo en una serie de grupos de desarrollo económico, comisiones gubernamentales y juntas de organizaciones sin fines de lucro. Luego están los nombramientos para juntas directivas de corporaciones privadas y cotizadas en bolsa.

Al haber sido criada por su abuela en un pequeño pueblo de Nuevo México, Griego se apresuró a enfatizar la importancia de los mentores cuando fue entrevistada en 2017 en un evento patrocinado por el Consejo de Diversidad de CBS.[4] Su abuela, dijo, la alentó constantemente: diciendo: "La que no mira hacia el futuro se quedará atrás". Ella atribuye sus propios logros a una combinación de suerte y disposición a correr riesgos:

Sí, siempre soy curioso, ansioso por aprender cosas nuevas. Para mí, el sello distintivo de un emprendedor es la voluntad de actuar sobre ideas. Pero a lo largo de mi vida, he tenido maravillosos mentores y patrocinadores, y trato de ser y hacer lo mismo por los demás. Nunca cerraría una puerta detrás de mí. No voy a atravesarlo, pero me aseguraré de que el camino esté abierto para que pueda caminar.

En nuestra entrevista, Griego señaló con vehemencia lo valioso que considera que es la escritura de Studs Terkel. Sin duda, ella estaría de acuerdo con Terkel cuando él insiste en que: "Cuando te conviertes en parte de algo, de alguna manera cuentas.... Contar es muy importante".

RAVI KURANI probablemente no pasa mucho tiempo trabajando en rompecabezas, pero hay pocas dudas de que sería bueno en eso. Su habilidad para ver dónde encaja una idea con otra, una experiencia de vida lleva a otra, una solución puede resolver múltiples problemas (encajar en todos los lados) lo ha ayudado a conseguir un lugar en la lista *Forbes* 2017 de "30 Under 30" en la energía campo. Sutro, la startup de Kurani, ofrece una aplicación / monitor que mide la calidad del agua de las piscinas, advierte sobre problemas y ordena suministros, un producto nacido de Kurani: (1) haber aprendido sobre piscinas debido al negocio de su padre; (2) haber utilizado su tarea de Scouts del Mercado Fronterizo del Instituto Middlebury en India para estudiar diferentes tipos de filtros de agua y sistemas de limpieza de agua; y a partir de eso (3) habiendo decidido que muchas personas simplemente no entienden la calidad del agua.

Sin duda, basado en parte en estas experiencias, Kurani es firme en su convicción de que la tutoría no es un ejercicio de maestro / alumno. Sí, en el frente táctico, quiere un mentor que haya recorrido el camino, idealmente en la misma industria en la que planea trabajar. Pero cuando trabajan juntos, cree que tiene la responsabilidad de devolver algún tipo de valor. Él cita un ejemplo. Tiene poco más de 30 años; su mentor tiene unos 60 años, y el padre del mentor acaba de morir. Si Kurani ha tenido una experiencia con una pérdida similar, puede ofrecer empatía y apoyo. La relación es lo que él llama "bilateral". También cree que las relaciones bilaterales existentes con amigos y familiares pueden y deben servir como una especie de tutoría. Como él lo ve, uno debe "construir andamios que proporcionen una forma de ayudar y ser ayudado, tomar y devolver".

ABHI JHA es director de análisis avanzado y gestión de productos en McKesson, y en ese cargo es mentor de un equipo de ingenieros de datos, científicos de datos y gerentes de plataformas centrados en el desarrollo y despliegue de productos. (Como punto de referencia, los ingresos reportados de McKesson en 2018 fueron de $ 208.4 mil millones, incorporando distribución farmacéutica, tecnología de información de salud, herramientas de administración de atención y suministros médicos). Describe una experiencia personal al principio de su carrera que lo ha convencido del valor de una sólida relación de asesoría.

Luchando con la decisión de buscar un MBA o no, contactó a un profesor de la Universidad de Nueva York que comparte el linaje indio de Jha, y él mismo obtuvo un MBA en Wharton. "Debido a su orientación", recuerda Jha, "no solo pude identificar los pros y los contras de la escuela de negocios, sino también elegir la escuela que mejor se adaptaba a lo que quería [University of Chicago Booth School of Business, donde entre otros actividades que desempeñó como copresidente del Grupo Warren Buffett]. Sin embargo, tomar la decisión no terminó nuestra relación. Todos los años, nos reunimos e intercambiamos información sobre cómo van nuestras carreras y lo que estamos experimentando".

ADELE BURNES no solo cree que es posible tomar decisiones que optimicen el valor de las relaciones, ya sean equipos o mentores, sino que también ofrece una lista clara de recomendaciones sobre cómo hacerlo. El lugar para comenzar, dice, es su entrevista de empleo. "No trabaje para una empresa que no se ajuste a sus valores", insiste. ¿Y cómo lo sabrías? "Mire la oficina cuando vaya a la entrevista...verifique las personas que aparecen en la página de liderazgo del sitio web...Encuentre lo que necesita en materiales promocionales u otros para determinar dónde están las prioridades corporativas". Y agrega, incluso cuando haya encontrado un lugar adecuado, no se detenga en el grupo corporativo. "Cultive activamente las amistades y busque el asesoramiento de posibles mentores para que pueda construir su propio grupo de apoyo curado fuera del entorno corporativo", sugiere.

Si conoces a Adele, tienes un buen candidato. Su título en YouNoodle es Director de Operaciones, y una mirada a su perfil de LinkedIn[5] revela que esa posición abarca un poco más de lo que podría imaginar y que está bastante contenta con eso:

> Como director de operaciones de YouNoodle, llevo muchos sombreros; Director Financiero, Jefe de Recursos Humanos, Capitán de Cultura, Líder de Estrategia, Director de Comunicaciones Internas, y ocasionalmente Director de Felicidad del Cliente y Jefe de Lavadoras de Botellas. Considero que mi función es asegurarme de que todos en la organización comprendan la visión general de la empresa, comprendan su función y sus resultados para alcanzar esas metas y estén contentos y tengan los recursos para tener éxito. También me aseguro de que todos los trenes funcionen a tiempo, que se paguen las facturas y que sigamos creciendo y sosteniéndonos como compañía.

Es una alegría trabajar en una empresa que está trabajando para nivelar el campo de juego global para los empresarios a nivel mundial y ayudando a conectar la startup con oportunidades de crecimiento. Trabajamos con organizaciones increíbles a nivel mundial que albergan programas de inicio, ya sean incubadoras, aceleradores, universidades, premios de inicio o programas de innovación corporativa. Proporcionamos el software que impulsa estos programas y las herramientas de divulgación para permitir que los organizadores le permitan a nuestra comunidad de más de 200,000 nuevas empresas de 180 países diferentes conocer sus oportunidades de crecimiento.

ARMEN ORUJYAN calificaría, si existiera esa palabra, como el estimulante de la "entretención". Como fundador y presidente emérito de Athgo, ha desatado una operación que ha brindado apoyo, financiero, intelectual y de redes, a casi 10,000 jóvenes empresarios, innovadores y estudiantes de más de 600 universidades en 80 países. Y tiene una "huella" bastante grande en el sector público, como Presidente Fundador de la Fundación Armenia de Ciencia y Tecnología, un gurú de la campaña nacional (incluyendo Presidencial), miembro fundador de la Alianza de las Naciones Unidas para las TIC y el Desarrollo (GAID), y miembro de la Junta de Asesores del Instituto Baker de Políticas Públicas de la Universidad de Rice. Sus afiliaciones y sus logros son impresionantes, de hecho, pero su mensaje es desarmadamente simple. Él cree que la mayoría de la gente puede encontrar entrenadores y asesores, pero pocos encuentran mentores. ¿Cómo son diferentes los mentores? De nuevo, simple, pero poderoso. "Crean un entorno en el que puedes sentir lo que te falta".

HANA YANG es una de las seis mujeres que compartieron sus historias personales y experiencias profesionales en un libro titulado *Impact with Wings* y cofundador de Wingpact, una comunidad global de emprendedores e inversores ángeles. Ella argumenta que no hay un "mentor perfecto". Como lo explica: "Estás buscando a alguien que tenga empatía por lo que eres y por lo que haces, no solo por la misma raza o género". Creo que podemos y debemos tener varios mentores". Ella refuerza su apoyo para incluir varios puntos de vista al recordar una experiencia que tuvo en la escuela de posgrado en la Universidad de Columbia:" Nos dividieron en grupos y nos encargaron hacer una lista de lo que haría aprovechar para sobrevivir si nos dirigiéramos a la luna. Nuestras listas se compararon con una lista creada por un grupo de astrónomos, y la nuestra fue mejor. No éramos expertos, pero nuestras perspectivas cubrieron más terreno". Ya sean mentores o decisores, ¡la inclusión funciona mejor!

CRAIG MONTUORI cofundó Global EIR, una organización con sede en la universidad formada para ayudar a los fundadores de negocios inmigrantes y sus equipos a crear empleos estadounidenses. Craig había trabajado como ingeniero de cohetes Caltech y, como dice el sitio web de EIR, "decidió que solucionar los problemas de las startups a través del proceso político era más divertido y un conjunto más grande de problemas para resolver". Su opinión, no sorprende, es tan informada como Es directo. Como él lo ve, las comunidades de inmigrantes tienden a ser relacionales más que transaccionales, y los líderes tienen la responsabilidad de no solo practicar la inclusión ellos mismos, sino de convertirla en una base desde la cual otros trabajarán en el futuro. Advierte contra permitir que el "status quo" cree y sostenga brechas y / o barreras. Como un mentor entusiasta, también insiste en que la experiencia de mentoría se enriquece cuando los pupilos provienen de diferentes orígenes, así como cuando el mentor aprende a "escuchar y ayudar a encontrar soluciones, en lugar de hacer comentarios y asesorar todo el tiempo".

EDUARDO PÉREZ sabe más que un poco sobre liderar equipos. Su experiencia en Visa, donde se desempeña como Vicepresidente Senior y Gerente Regional de Riesgos de la División de América Latina y el Caribe, ha incluido (pero no se ha limitado a) múltiples asuntos relacionados con la seguridad y la navegación en crisis financieras y bancarias internacionales. Señala que, en Visa, la inclusión no es "nivelada" en todos los distritos geográficos, sino que responde a la oportunidad de mejorar el servicio al cliente. El equipo de liderazgo en Miami, por ejemplo, es mayormente latino. En su mente y desde su experiencia, el mayor problema es una diferencia de ingresos, más que de cultura. En 2015, Pérez fue uno de los tres empleados de Visa entrevistados como parte del Mes de la Herencia Hispana. Señaló que había aprendido cuánto depende el acceso individual de los demás y, como resultado, tiene la costumbre de seguir tres principios: pedir ayuda, ayudar a los demás siempre que pueda y nunca descartar. Agregó que, en su opinión, el mes ofreció la oportunidad de celebrar todas las "culturas y países diversos que representa la comunidad hispana y todas las valiosas contribuciones que han hecho para avanzar en los Estados Unidos. También es un buen momento para estar orgulloso de ser estadounidense".[6]

KENYA WILEY pasó cinco años como abogada y asesora principal de políticas del Comité del Senado de los EE. UU. Sobre Seguridad Nacional y Asuntos Gubernamentales antes de unirse al personal de la Motion Picture Association of America (MPA) como Directora de Alcance Académico. Luego se convirtió en directora de asuntos estratégicos, después de lo cual fundó Fashion Innovation Alliance, donde utiliza su experiencia en derecho, políticas públicas, cumplimiento normativo (específicamente cuestiones de inclusión) para servir a las industrias de tecnología de la moda y tecnología de belleza. Dentro de cada uno de los sectores económicos en los que ha trabajado, ha visto a los líderes buscar pasos tangibles para institucionalizar la inclusión. Ella está de acuerdo en que la tutoría es clave, y también enfatiza que la contratación no es suficiente. "Si todas las personas que contratas están ubicadas en puestos de nivel de entrada, no has logrado crear una operación inclusiva", explica. "Además, además de la tutoría formal, es crucial asegurar que las relaciones personales a pequeña escala (una taza de café por la mañana, una barbacoa en el patio trasero, una ronda de golf) se desarrollen con la gente. Eso también es mentoría, y es importante".

ERNESTINE FU enloquecería a aquellas personas que insisten en que la mente analítica y la mente artística no coexisten en una sola persona. Como socia de riesgo en Alsop Louie Partners desde 2011 (cuando todavía estaba en la escuela), ha tomado el liderazgo con empresas involucradas en tecnologías disruptivas, al mismo tiempo que asesora a nuevas empresas fuera de la empresa en una amplia gama de actividades, incluidas tales cosas como juegos y análisis móvil. Eso no es todo. Ella fundó una organización sin fines de lucro propia cuando aún era una adolescente. Fue coautora de *Civic Work, Civic Lessons*, un libro sobre filantropía, con el decano de la Facultad de Derecho de Stanford, Tom Ehrlich, y los dos escribieron para la revista *Forbes*. Ella cree apasionadamente que los jóvenes necesitan usar la tecnología para involucrarse en esfuerzos cívicos.

Con antecedentes muy diferentes y varias décadas de diferencia de edad, los dos autores informan rápidamente que su empresa proporcionó una experiencia de aprendizaje para ambos. Antes de conocer a Ehrlich, Fu no tenía experiencia de primera mano con lo que ella llama "qué significa exactamente dedicar una carrera al servicio público". Al describir su relación, al principio era un modelo inspirador; y luego se convirtió en mentor, colega y amigo. Por su parte, Ehrlich señala que si bien sabía que los jóvenes estaban involucrados en el trabajo cívico, fue solo después de conocer a Fu que se dio cuenta de "cuán comprometidos son los jóvenes, marcando diferencias sorprendentes en las vidas de quienes los rodean".[7]

En *Civic Work, Civic Lessons*[8] Fu recuerda a un maestro de música de secundaria, Chris Rodríguez, cuya incansable y dedicación hizo posible un evento para niños sin hogar. Y ella agrega: "Sr. Rodríguez fue más que una caja de resonancia, o alguien que proporcionó una nueva perspectiva, como lo hacen muchos mentores; fue capaz de apoyarme, sin embargo, me dejó caer, reconoció los logros y me desafió, y en el proceso ganó mi confianza".

Si bien no tenía el título de "mentor", nos dijo en nuestra entrevista, fue el ejemplo perfecto de lo que significa: "Mostrar, configurar, ayudar, apoyar".

MARTY HU no duda cuando le preguntas qué efecto puede tener la tutoría. Cofundador y actualmente CTO de Prodigy, proveedor de software para la industria minorista automotriz, Hu está bastante seguro de que no habría tomado la ruta empresarial si no hubiera sido por un profesor en la Universidad de Stanford. Era su primer año, y cuando el profesor sugirió que el proyecto que había presentado podría ser lo suficientemente bueno como para ser la base de una nueva empresa, estaba en camino. Los dos trabajaron juntos durante el verano y se hicieron amigos, y finalmente el profesor invirtió en lo que Hu estaba armando. Con su compañía anterior adquirida por Dropbox, Hu y Michia Rohrssen fundaron Prodigy en 2015, que está en camino a $ 10 mil millones en ventas de automóviles por año. Los dos hombres fueron nombrados en la lista *Forbes* 30 Under 30 y ahora están en el circuito de oradores compartiendo su entusiasmo por los negocios y la ciencia.

BRIAN RASHID es un narrador de historias. Sí, de verdad. Tal vez no sea tan difícil convencer cuando se entere de que el nombre de su negocio es *A Life in Shorts*. Sus clientes se extienden por todo el mundo, viaja entre Nueva York y Colombia, y los servicios que brinda tienen que ver con la marca, la monetización de su mensaje y la estrategia de marca. Cuando considera la idea de la tutoría, tiene la impresión de que mucha gente tiene las cosas al revés. Con o sin etiquetar realmente el proceso como "mentoring", argumenta que la pregunta de entrada debe ser "¿Qué puedo hacer por usted?" Y no al revés. ¿Por qué? Porque en la mayoría de los casos hay algo que puedes dar a cambio, incluso si solo se trata de completar un grupo de cuatro para el golf. Lo que es más, enfatiza, las personas son sensibles a ser "utilizadas", por lo que formar una amistad funciona mejor en todas partes. A partir de eso, es posible construir una comunidad real o un equipo, amigos, por supuesto, pero también clientes. Finalmente, Rashid insiste en que el mejor mentor de todos no es en realidad un ser humano o una relación, sino la experiencia en sí misma, si toma medidas basadas en esa experiencia. "Aprendemos", lo resume, "cuando lo INTENTAMOS".

DANIELLE STRACHMAN tiene que ver con la educación: lo que significa, cómo debe diseñarse para que funcione mejor, qué parte es institucional y qué parte es experiencial. De alguna manera, ella no solo "piensa fuera de la caja", sino que también intenta rediseñar la caja. Ella fundó una escuela charter K-8, trabajó con Peter Thiel en su iniciativa de becas fuera del aula para crear negocios, y actualmente se desempeña como socio general de 1517, un fondo de capital de riesgo que cofundó. Los clientes previstos del fondo son fundadores de negocios que están en la secundaria y en la universidad, conocen el valor del trabajo en equipo y no temen las ideas vanguardistas. "El conocimiento y la práctica", dice ella, "son dos conjuntos de habilidades diferentes". En lo que respecta a la tutoría, ve algunas desventajas en limitarse a una relación formal de mentor / pupilo, o incluso en definir una relación que ya sea de apoyo de esa manera. . "Al hacerlo formal", señala, "puede quitarle algo de su valor". Incluso más importante que las relaciones personales son "comunidades que puede y debe construir alrededor de usted y su trabajo". Por supuesto, es un terreno fértil para la inclusión y la extensión. "Cuando puedo reunir a un grupo de buenas personas en una habitación", explica Strachman, "empiezo a verlos como aceleradores de otras personas. Cada uno sale a su propia comunidad y las ideas se difunden".

JULIA JAYNE, presidenta del Jayne Law Group, ha enseñado en la Facultad de Derecho de UC Hastings durante casi dos décadas, además de ejercer la abogacía. Mientras discutimos el proceso de tutoría, ella observa que cuando decidió establecer su propia práctica, ella solo tenía experiencia en la práctica del derecho (como miembro de otra firma), no en el área empresarial, por lo que esencialmente "voló solo". Desde entonces, se ha centrado en la creación de redes, en establecer una reputación que generará referencias de otros abogados y en tomar casos de indigencia. Consciente de que ahora está en condiciones de ayudar a los demás, así como de usar su experiencia práctica en el aula, ofrece apoyo donde puede, pero de alguna manera, disculpándose, y en nuestra opinión incorrectamente, no se describe a sí misma como un " mentor". El suyo es un excelente ejemplo de construcción, como Strachman en la entrevista anterior recomienda, una "comunidad".

KAIA SIMMONS estaba inscrita en la Harvard Business School cuando realizamos nuestra entrevista. Ya había obtenido títulos de licenciatura y maestría en ciencias en la Universidad de Stanford, después de lo cual pasó tres años en el Grupo Stripes, una firma de capital de riesgo con sede en la ciudad de Nueva York. Ella se apresura a decir que en múltiples ocasiones ha sido beneficiaria de la tutoría. "Realmente nunca lo busqué", explica. "De alguna manera

sucedió" orgánicamente ", y para mí eso lo hizo parecer especialmente auténtico". Una nadadora competitiva, su entrenador la
había enseñado inicialmente en la escuela secundaria. Luego, mientras todavía estaba en Stanford, consultó a un socio de la empresa
de capital de riesgo donde trabajaba sobre si consideraba que la
escuela de negocios era una verdadera ventaja. "Él habló mucho
sobre el lado humano de la experiencia", recuerda, "y no solo tenía
razón, fue una gran ayuda". Y luego agregó: "Fui realmente bende-
cida en Stripes Group. Mi jefa, Karen, es una madre con dos hijos,
la única pareja femenina en ese momento, y gentilmente me guio a
través de no solo problemas profesionales, sino también cosas de la
vida: relaciones, citas, si realmente debería ir a la escuela de negocios ahora que yo ' He sido aceptado. Fue maravillosa, y fue posible
porque la cultura de la empresa era abierta, lo que la hacía bastante
diferente de otras empresas de capital privado en Nueva York".

KEN KANNAPPAN, ex CEO de Plantronics, apoyaría y
respaldará en nuestra entrevista el punto de Simmons sobre la
fuerza de la "tutoría orgánica". Una vez que su compañía había alca-
nzado un nivel de inclusión hacia el que estaban trabajando (y uno
muy por encima del promedio) trató de "forzar la tutoría", como él
lo llama. "Funcionó relativamente mal", recuerda. "Lo que funciona
es crear un ambiente natural y fértil y dejar que sean mentores por
su cuenta. Aconsejaría incluso no alentar, pero recompense". (Vea
más sobre la experiencia de Kannappan en el próximo capítulo).

TONY WEST pasó más de cinco años con el Departamento
de Justicia de los Estados Unidos, primero como Fiscal General
Adjunto en la División Civil y luego como Fiscal General Asociado
de los Estados Unidos. En la parte superior de su lista de mentores
está la ex Fiscal General Janet Reno:

Ella me llamó a su oficina, me senté y compartió su visión del papel de un fiscal. Luego, me mostró una inscripción en una pared cercana, que dice: "Estados Unidos gana su caso cuando se hace justicia". Para mí, ese día incrustó la creencia de que mi trabajo como fiscal no es solo hacer lo correcto para mi cliente, pero para hacer lo correcto período. Creó un marco que me ha dado la confianza para desestimar los cargos o negarme a presentar cargos cuando creo que esa es la decisión correcta, y la fuerza para enfrentar asuntos controvertidos, y en general para pensar en las cosas correctas.

FEBIN BELLAMY, uno de los individuos más jóvenes, si no el más joven que entrevistamos para este libro, debe haber tenido un claro sentimiento de *déjà vu* cuando se graduó de la Universidad de Georgetown y recibió tanto el Premio del Decano de Pregrado como el único estudiante graduado que había hecho la contribución más notable en el área del emprendimiento social. Ese fue el cuarto honor. También fue nombrado Estudiante Emprendedor del Año 2017 y recibió el Premio Lena Landegger, el premio de servicio comunitario más distinguido de la universidad para estudiantes universitarios. Sí, tienes razón, son solo tres. Pero también recibió el Premio del Presidente al Liderazgo en el Rockland Community College cuando se graduó en 2014.

Bellamy es fundadora y directora ejecutiva de Unsung Heroes Media, una compañía que comenzó cuando aún era un estudiante para reconocer las contribuciones de las personas que trabajan en entornos de secundaria y universidad que de otro modo podrían pasar desapercibidas. La compañía ha sido presentada por artistas como *Forbes*, BBC y *USA Today*. Bellamy se apresura a decir que casi todo lo que ha podido hacer ha sido posible gracias a mentores. "Estas personas abrieron todo tipo de puertas", recuerda. "Hicieron llamadas a los medios de comunicación, encontraron donantes y se donaron a sí mismos, cosas increíbles". ¿A qué atribuye ese tipo de apoyo? "Para mí, si quieres ayuda, debes ser franco sobre lo que necesitas", insiste. "Es importante ser honesto acerca de quién eres y de dónde vienes, ser rudimentario, ser auténtico. No recuerdo quién lo dijo, pero creo que fue quien dijo: "Si quieres ir rápido, ve solo. Si quieres llegar lejos, necesitas a otras personas".

TERESA BRIGGS es miembro de la junta directiva de Deloitte LLP, y anteriormente se desempeñó en la empresa en una variedad de puestos, más recientemente Socio Gerente primero en la oficina de Silicon Valley, luego en el mismo rol en San Francisco y finalmente en la Región Oeste. También es miembro de la junta directiva de la Academia de Ciencias de California y de la junta asesora del Programa de Empresas de Tecnología de Stanford y ServiceNow. A lo largo de su carrera profesional, ha asumido roles de liderazgo en organizaciones comunitarias, y cree firmemente en el impacto que las corporaciones pueden y deben tener al ser conscientes de la sociedad.

Mientras discutimos el papel de las relaciones personales en un entorno empresarial, ella se centra en la diferencia entre mentores y patrocinadores. Ella explica:

> Un mentor brinda asesoramiento, asesoramiento profesional y es alguien que usted considera una buena persona en su lugar de trabajo. Un patrocinador va mucho más allá. En general, el patrocinador está un par de niveles por encima de usted en la estructura organizativa y por eso tiene una línea de visión que no tiene. Él (en mi caso, mi patrocinador era un hombre) pone su capital personal en la línea para ayudarlo, le ofrece retroalimentación en momentos críticos, etc. A cambio, ya que se ha puesto en apuros

por usted, usted tiene Siente una profunda responsabilidad de cumplir. Para mí eso significaba que hice mi mejor trabajo, pero también me divertí más. Mi patrocinador me dio mucha responsabilidad, y nunca administró microgestión, pero si veía algo que pensaba que era problemático, no tenía problemas para ayudarlo. Y a medida que mis habilidades crecieron, no tuvo ningún problema en migrar al rol de líder.

A medida que su carrera se desarrolló, Briggs se dio cuenta de que había aprendido no solo las habilidades necesarias, sino también su propio estilo de liderazgo de su patrocinador. Y luego, después de cumplir 50 años, al darse cuenta de que solo le quedaban una docena de años desde la edad de jubilación obligatoria de Deloitte, se convirtió en patrocinadora por derecho propio. Además, comenzó a buscar el mejor asociado a quien hacer la transición de su cliente premium, que era Apple. "Uno de los socios más jóvenes con los que trabajé fue, curiosamente, el hijo de mi ex patrocinador. Al igual que su padre, es talentoso, y cuando resultó que podía hacer la transición de Apple a él, me sentí como si hubiera completado el círculo de la vida".

NADIA YAKOOB se apresura a señalar que ella ha sido la beneficiaria de la tutoría que niega cualquier sugerencia de jerarquía o postura de poder. Su decisión de convertirse en abogada de inmigración no fue meramente informada sino esencialmente definida por profesores de facultades de derecho. Después de haber trabajado como pasante legal para la Alta Comisión de la ONU para los Refugiados, se dio cuenta de que trabajar en asuntos de refugiados e inmigración era lo que le parecía satisfactorio, y luchó con la forma en que pagaría los préstamos estudiantiles si decidía continuar con una organización sin fines de lucro. organización. "Fueron mis profesores quienes me convencieron de investigar empresas especializadas en leyes de inmigración", recuerda. Ahora abogada gerente de su propia firma en Oakland, California, admite sinceramente que su relación con pasantes y empleados paralegales es definitivamente una forma de "tutoría lateral". Ella dice:

> Realmente no estaría tan actualizado en tecnología si no fuera por los Millennials que vienen aquí y terminan enseñándome. Además, he aprendido de ellos que es posible descubrir cómo hacer, encontrar, aprender muchas cosas solo con una búsqueda experta en Google o una oferta de YouTube. Y ha sido emocionante para mí verlos usar su tiempo en este entorno de pequeñas empresas para lanzar sus carreras en algunas de las grandes empresas más prestigiosas.

¡Cada uno enseña uno!

KYLA CRAGG ha pasado casi cinco años (en este momento) trabajando como copresidenta de inclusión y diversidad para Apple. Actualmente hay siete asociaciones de redes de diversidad (DNA) en Apple, y Cragg es co-líder de una de ellas. (En otros lugares de este libro, nos referimos a tales asociaciones como "grupos de recursos de empleados".) No es sorprendente que ella sea fuerte en su opinión de que los ADN pueden realizar las mismas funciones que los mentores, quizás incluso de manera más efectiva. Al mismo tiempo, reconoce que, dado que un ADN se basa, por definición, en alguna característica, experiencia de vida o punto de vista compartidos, puede haber casos en los que se busca una perspectiva diferente. "Lo hice yo misma", dice ella, "buscando a alguien de otra parte de mi vida, tal vez mi iglesia. Sería fácil decir que es importante asegurar la capacidad del posible mentor en ese rol, pero he descubierto que antes de que pienses en eso, es crucial determinar si él / ella está disponible y dispuesto". Un punto a considerar seguro en un entorno empresarial que puede no fomentar la tutoría. "Incluso en Apple", señala Cragg, "la tutoría no es un gran problema. Se espera que estés a cargo de tu propia carrera".

JESSICA MAH, un poco como Kyla Cragg, es una gran fanática de los grupos de pares y cree que a menudo son más poderosos que los acuerdos de tutoría. Fundadora y directora ejecutiva de InDinero, una compañía diseñada para ayudar a los empresarios a administrar mejores negocios, que apareció en la lista de la revista *Inc.* de las compañías de más rápido crecimiento en Estados Unidos, Mah describe la relación de mentor como muy a menudo sujeta a lo que ella llama una "dinámica de poder salvaje. "Es fácil discernir que en los casi diez años que ha formado parte de InDinero, ha visto toda la gama de fuerzas culturales, personales y emocionales que pueden definir el lugar de trabajo. "Trabajar en la práctica es bastante fácil", señala. "Lo psicológico puede ser otra cosa". En términos de inclusión, por ejemplo, ella define el problema simplemente: "todos, sí, todos deben tener voz". Luego, con franqueza característica, agrega: "Cuando haces eso bien, y escuche todos los puntos de vista trabajando hacia algún tipo de consenso, usted necesariamente desacelera las cosas. Es importante reconocer y reconocer eso por adelantado".

JENNIFER LEHMANN WENG es Directora Ejecutiva de la Organización de Jefes Ejecutivos, una red de líderes empresariales con sede en Washington, DC, que han ocupado puestos de liderazgo en la Organización de Jóvenes Presidentes (YPO). Ella señala que el Programa del Foro de Presidentes, que se originó con YPO, y que a menudo se define como "su propia junta directiva personal", incorpora en las reuniones regulares y en los entornos de retiro el tipo de intercambio de información que permite a cada participante beneficiarse de las experiencias. y sus compañeros. "Recuerdo un retiro en el que desarrollamos y presentamos una" línea de vida". El sentimiento de vulnerabilidad que creó el escenario para un verdadero cambio de perspectivas basado en pares".

STEPHANIE MCGANN JANTZEN sabe lo que es lidiar con los problemas difíciles en las situaciones difíciles de atención. Actualmente, es vicepresidenta de Perry Communications Group (PCG), una empresa reconocida por su trabajo en gestión de asuntos y asuntos públicos. Ella ha trabajado en una campaña presidencial, gestionó varias campañas estatales y locales, sirvió durante más de una docena de años como Jefa de Gabinete en la oficina de un político local, convenciones políticas con personal, actuó como líder anticipada para expresidentes y locales. políticos, y sido consultor de California para el World Trade Center. Y eso es solo el lado público. En el ámbito corporativo, trabajó con dos nuevas empresas tecnológicas y se desempeñó como CEO interina de una empresa tecnológica establecida, sin mencionar las relaciones públicas y la consultoría de estrategia política.

Debido a su perspicacia y su reputación, McGann Jantzen recibe múltiples solicitudes diarias para entrevistas, por lo que comenzamos la nuestra siendo completamente sincera y preguntándole exactamente por qué aceptó hablar con nosotros. "Es el título de su libro propuesto", responde ella, con la misma sinceridad. "Sí, hay una manera diferente de hacer diferente. Me gustan las personas que desean crear un mundo más comprensivo, compasivo e innovador, y tienen la esperanza suficiente de creer que eso es posible. Y también admiro a quienes reconocen que hay barreras que superar y hablan sobre cómo hacerlo".

Ella termina pasando casi una hora con nosotros, una hora salpicada de risas, que es su marca registrada, y con perspectivas reflexivas y prácticas, como (abreviado aquí):

¿Cuál es el papel de la tecnología en el futuro? La tecnología es la ventana a la oportunidad. La falta de tecnología es una forma de destruir cualquier esperanza de igualdad de condiciones.

¿Cómo alimenta la política la innovación? Hay muchas maneras de abordar esto, pero una importante es la justicia social. Ya sea a nivel local, estatal o federal, las políticas que fomentan fundamentalmente la inclusión pueden ser importantes. Considere el acceso a la educación superior, nuevamente parte del campo de juego nivelado. Hay niños pequeños brillantes que viven en comunidades muy empobrecidas que necesitan (1) creer que pueden participar; (2) saber que hay personas alrededor que quieren inspirarlos; y (3) se les ofrece educación que no se limita a temas como cómo equilibrar una chequera; podrían ser jugadores reales en todo tipo de formas. Necesitamos analizar las políticas y ver a quién ayudan y a quién no ayudan.

¿Cómo nos va con la inclusión? Simplemente todavía no estamos allí cuando se trata de inclusión. Hablé con un CEO de tecnología que dijo que, si realmente quería construir algo nuevo y emocionante, contrataría a un equipo global de todas las mujeres antes de que realmente nunca tengan la oportunidad de participar de esa manera. Además, necesitamos cambiar la narrativa sobre los inmigrantes. Todos somos humanos, y todos tenemos algo que aportar. Nunca hay una sola solución para cualquier problema. Si todos los que toman la decisión son exactamente iguales,

es posible que ni siquiera sean conscientes de que se están perdiendo algo. Y en los Estados Unidos, estamos irremediablemente impulsados por el título. El hecho de que alguien trabaje como recepcionista no significa que su perspectiva no tenga mérito.

¡Muévete a un lado mundo, porque ahí vamos!

NINA VACA no se limita a hablar o caminar: corre, anda en bicicleta y nada con tiburones. Desde que comenzó en la agencia de viajes de su familia cuando era una adolescente, se ha lanzado a varias empresas comerciales exitosas y puestos de liderazgo comunitario, enfocándose constantemente en brindar oportunidades para todos. Pinnacle Group, que Vaca fundó en 1996, ha llevado al éxito no solo en los Estados Unidos, sino también a nivel internacional. Es una ávida triatleta que utiliza sus competencias para recaudar dinero para mujeres, hispanos e incluso para construir una aldea en Ecuador después del terremoto de 2016. Uno de sus mantras es: "No puedes ser lo que no puedes ver". Ella explica: "Cuando los empleados y clientes pueden ver ejecutivos y directores corporativos en empresas públicas que se parecen a ellos y representan su experiencia, confían más en una empresa".

DAN WARMENHOVEN había pasado casi 20 años en NetApp, primero como Presidente y CEO y luego como Presidente Ejecutivo cuando renunció en 2014. Antes de eso, ocupó una serie de altos cargos con otras compañías en la industria tecnológica, por lo que él ha estado en el "interior" a través de los altibajos del mercado y fue testigo de primera mano de lo que, a largo plazo, funciona y lo que no. Admite que hay momentos en los que crear un equipo de toma de decisiones inclusivo puede ser un desafío, y pone especial énfasis en la importancia de la diversidad de pensamiento. Recordando el año (2009) en que su compañía ganó el premio Great Place to Work, señala: "Eso sucedió no porque teníamos un "gran chef en la cocina", sino porque en todos los niveles nuestra gente se sentía respetada e incluida". Y eso, a su vez, sucede como él lo ve cuando hay un consenso colegiado entre los líderes y los empleados sobre cómo tratar a los accionistas y clientes.

ENDNOTES

1. https://ecorner.stanford.edu/article/tip-your-hat-to-your-team/

2. Roger Axtell, *Gestures: The Do's and Taboos of Body Language Around the World*, https://www.scribd.com/document/157812654/Gestures-the-Do-s-and-Taboos-of-Body-La-Axtell-Roger-E-Print

3. hbr.org/2012/04/the-new-science-of-building-great-teams

4. (https://www.cbscorporation.com/wp-content/uploads/2018/04/10.25.17.pdf)

5. https://www.linkedin.com/in/adeleburnes/

6. http://visacorporate.tumblr.com/post/131225143593/visas-voices-honoring-hispanic-heritage-month

7. https://www.kettering.org/sites/default/files/periodical-article/HEX-2013-Fu-Ehrlich.pdf

8. Thomas Erlich and Ernestine Fu. "Civic Work, Civic Lessons: Two Generations Reflect on Public Service," https://books.google.com/books?id=xWUSAAAAQBAJ&pg=PA67&lpg=PA67&dq=civic+work+civic+lessons+mentorship&source=bl&ots=-jq3zC0298P&sig=ACfU3U0hpwi6kPxrh4nd5kbxchulv6kovg&hl=en&sa=X&ved=2a-hUKEwi676vT9MvhAhWs1IkKHXJ2AyQQ6AEwBnoECAkQAQ#v=onepage&q=%20mentor&f=false

CAPÍTULO DIEZ

¿Qué es lo que sigue?

—

A finales de 2018, el periódico *The Guardian* del Reino Unido, una fuente de bienvenida para personas a las que les gusta que sus noticias sean confiables, pero no redundantes, pidió a cuatro personas diferentes consideradas expertas en sus respectivos campos que describan cómo será la vida en la tierra en 2050.[1]

El físico teórico **Michio Kaku** se centró en la comunicación telepática y los avances médicos que no solo aumentarán la longevidad humana, sino que reducirán los estragos del envejecimiento hasta el punto de que una vida más larga también es una juventud más larga.

El astrofísico **Neil deGrasse Tyson**, como era de esperar, se ocupó del espacio no solo como una atracción turística, sino como un sitio para el comercio mundial.

La futurista **Faith Popcorn**, fundadora y directora ejecutiva de BrainReserve, escribió sobre los avances de la inteligencia artificial en el frente de la salud, incluida la psicología. También abordó la fluidez de género, señalando que Facebook ha identificado 71 tipos de género, y que casi la mitad de los Millennials ven el género como un espectro. No habrá, predijo, ningún patrón, en el que un género se encargue de otro o lo controle. Hace más de 30 años, había predicho la fusión de razas, para que todos fueran "marrones", y todavía ve morir las distinciones raciales. Sin embargo, según su teoría, lo que no desaparecerá son las diferencias de inteligencia, basadas no en la inteligencia nativa, sino en tener el dinero para aprovechar la IA o comprar drogas para mejorar la inteligencia. El resultado que ella dice será personas con y sin personas, a menos que alguna clase social intervenga para salvar a los que no.

Y finalmente, **Amy Zalman**, fundadora del Strategic Narrative Institute, abordó qué tipos de trabajos se verán afectados por la automatización. Como ella lo dijo: "No es que la automatización cambie el trabajo. Es que el trabajo cambiará tan drásticamente que tendremos que dar un nombre diferente a lo que hacemos".

Si la automatización provoca un desplazamiento significativo, cree que el ingenio humano intervendrá para revisar los sistemas de servicios sociales, enviar a las personas a la escuela y crear nuevos tipos de trabajo. La desigualdad de riqueza, como lo ha hecho en el pasado, continuará proporcionando acceso a algunas clases para obtener una mejor educación, pero también como podrán permitírselo, también podrán aprovechar las mejoras biológicas y genéticas derivadas de avances médicos.

Como mencionamos brevemente en el Capítulo 8, aquellos de nosotros en posiciones de liderazgo hoy podemos, con una toma de decisiones colaborativa que aprovecha ideas e iniciativas desde múltiples perspectivas, tener un efecto material en el futuro. Eso significa utilizar la inclusión ahora para disminuir la exclusión dentro de 50 años y, mientras tanto, crear negocios que se propongan crecer a partir de la automatización, no ser eliminados por ella.

Eso suena un poco elevado, pero la oportunidad es real. Y, para usted, ¿gana algo de inmediatez si reconoce que algunos de los trabajos que se prevé que desaparezcan son los de abogados y contadores, juristas y periodistas? Sí, las posiciones no calificadas de nivel de entrada son el objetivo principal, pero no el único. Según un estudio de Brookings Institution,[2] aquellos con menos de un título universitario enfrentan un riesgo del 55 por ciento, pero aquellos con un título universitario enfrentan un riesgo del 24 por ciento, no están exentos.

Si conoce a alguien que reconoce el problema, pero niega que la responsabilidad recaiga en el sector empresarial, hágale tres preguntas:

1. ¿Es mejor crear una sociedad donde la mayoría de las personas tengan trabajo y, por lo tanto, comprar poder o gravar a las personas adineradas y a las corporaciones exitosas para proporcionar programas públicos para proteger a las personas cuyas habilidades ya no se demandan?

2. ¿Dónde está el poder para efectuar el cambio? ¿Sabía que 69 de las 100 entidades económicas más grandes del mundo son corporaciones y las otras 31 son países?[3]

3. Si sus empleados y sus clientes están mejor educados, ¿eso ayuda o perjudica a su negocio?

¿Qué pueden hacer los líderes empresariales para prepararse para un cambio inminente y convertirlo en una amenaza para una oportunidad? Como estás leyendo este libro, existe la posibilidad de que ya estés comprometido. Si no es así, o si desea hacer más, eche un vistazo a nuestra Matriz de estrategia / tarea de tres por tres.

ESTRATEGIA:

Educar a nuestros empleados existentes para que estén preparados para los cambios en los requisitos laborales

Tres tareas

1. Forme asociaciones con universidades para resolver los problemas de asequibilidad que rodean a la educación superior a través de programas de asistencia de matrícula o programas basados en habilidades como la codificación de

campamentos de arranque al estilo del programa Starbucks / Arizona State University.

2. Recuerde que los gerentes y los tipos C-suite también son empleados, y comprometen el poder de la tutoría en ambas direcciones. Edelman, la firma de relaciones públicas independiente más grande del mundo, tiene un programa que ha denominado "Rotmen" (mentor escrito al revés) a través del cual el aprendiz es el empleado principal. Esta es una forma especialmente eficiente de reducir la brecha en cuanto al conocimiento y la comodidad con tecnología.

3. Utilice grupos de afinidad (también conocidos como grupos de recursos de empleados) para controlar cómo se "incluyen" realmente sus colegas, para hablar cuando sea necesario y para pedir un cambio cuando sea necesario. Nada es más crucial para el éxito empresarial que contratar a las personas adecuadas, excepto conservarlos. Los empleados que se sienten valorados están ansiosos por aprender, más capaces de avanzar y mucho más propensos a enfrentar el cambio con "Por supuesto, me gustaría aprender a hacer eso. ¿Cuándo empezamos?"

ESTRATEGIA:

Generar confianza en nuestra empresa para que pueda resistir el cambio económico y social

Tres tareas

1. Se puede argumentar que generar confianza requiere diferentes enfoques para diferentes partes interesadas. En su lugar, argumentaríamos que los elementos básicos son los

mismos; Es el nivel de énfasis o quizás el enfoque lo que cambia. Las prácticas comerciales éticas, la transparencia y la rendición de cuentas son el núcleo, ya sea para inversores, reguladores gubernamentales, clientes, miembros de la junta, proveedores o empleados. Sí, el inspector de OSHA y el guardia de seguridad en el vestíbulo utilizarán diferentes medidas, de hecho, estarán al tanto de diferentes cosas. Pero ambos se sentirán traicionados y responderán negativamente si no "caminan el camino". Entonces, ¿cuál es la tarea? Anilu Vázquez-Ubarri, Directora de Recursos Humanos de TPG Global, hablando específicamente sobre el tema de la inclusión,[4] señala que a menudo las personas ven la tarea como tratar de "hervir el océano". En cambio, sugiere, es un asunto de todos, no de solo la persona cuya tarea es, no solo la persona que está a cargo, haciendo las cosas ordinarias, todos los días, todo el tiempo. Crea una cultura donde eso suceda. ¿Cómo? Crear y apoyar grupos de alianzas de empleados; involucrarse en programas y organizaciones de la comunidad local; informar a los proveedores que espera ciertas prácticas de su parte; llamando la atención de la junta sobre lo que está haciendo, no solo para mantenerlos informados, sino para obtener su aceptación e idealmente su participación.

2. La confianza también está inexorablemente conectada a los valores sociales y culturales de la ubicación en la que está haciendo negocios y los valores de las personas que viven y trabajan allí. Tenga en cuenta las palabras, imágenes y gestos que transmiten diferentes ideas en diferentes lugares. Hablamos en el Capítulo 9 sobre el gesto de "aprobación", y cómo en algunos lugares se considera no solo grosero, sino grosero. Lo hemos visto en gran forma en la publicidad de Google, y allí se encuentra como el símbolo "Me gusta" en Facebook. ¿Importa eso en otros países o en los EE. UU.

¿Para personas de otros países? Vuelva a colocar el pulgar con el dedo medio en esos lugares y vea cómo reacciona. ¿Hay casos similares en algo que comunica su empresa? Descubra y cambie lo que necesita.

3. Del mismo modo que a los clientes y empleados potenciales les resulta más fácil confiar en las empresas que promueven políticas de equidad, inclusión y transparencia, se alejan de aquellos que creen que no lo hacen. Muchas investigaciones señalan cuán destructivo puede ser el sesgo inconsciente. Protéjase contra eso mediante el uso de algoritmos o las empresas de consultoría que les proporcionan para detectar posibles problemas en el lenguaje o las imágenes; quitar los nombres de las solicitudes de empleo y reanudarlas cuando estén siendo evaluadas y hacer lo mismo para las quejas de los clientes; haga lo que sea necesario para realizar intercambios cara a cara, ya sea con empleados, clientes, solicitantes, vendedores o inversores, cómodos para todas las partes, abiertos, honestos e informativos más allá de lo esperado.

ESTRATEGIA:
mantenerse al tanto de la innovación para aprovechar el poder de la tecnología y liderar en lugar de reaccionar

Tres tareas

1. Recuerde que una operación inclusiva es, por definición, más innovadora. ¿Por qué? Cuanto mayor sea la diferencia entre las personas que trabajan juntas para resolver un problema o crear un producto, mayor será el número de

ideas presentadas. Y si ese grupo está trabajando en un entorno verdaderamente inclusivo, lo que significa que todos se sienten cómodos presentando sus ideas, la cantidad de ideas puede aumentar exponencialmente. También es importante reunir datos relevantes. Como ejemplo, un estudio de 2018 que investiga el efecto de la diversidad de género en las juntas directivas de los sectores STEM & F descubrió que al menos el 30 por ciento de las mujeres es importante. Un número menor que eso puede dar lugar a la creación de subgrupos, conflictos y falta de confianza.[5]

2. Analice las tendencias demográficas y de otro tipo al menos 10 años después, y use los resultados para informar la planificación estratégica. Un ejemplo para el segmento minorista es un estudio publicado por Canvas8[6] que define seis tendencias globales para 2019:

   a. Inclusión y diversidad en la belleza con marcas dirigidas a la gama completa de géneros, preferencias sexuales y color de la piel, además de un mayor uso de la tecnología con máquinas que generan aplicaciones únicas de productos de belleza.

   b. Mayor énfasis en el consumo responsable, para incluir no solo las preocupaciones ambientales, sino también una evaluación cuidadosa de la información y las fuentes de donde proviene.

   c. Más atención a la alimentación saludable, no solo con respecto a la elección de los tipos de alimentos, sino que también busca apoyar la agricultura local.

   d. Un grupo de esfuerzos para crear un ambiente hogareño seguro y saludable, aprovechando varias soluciones tecnológicas.

   e. Un deseo de artículos de lujo de los Millennials más ricos, mejor educados y más conectados.

    f. Una convergencia de compras digitales y físicas, incluido el uso de inteligencia artificial por parte del personal de ventas en entornos físicos.

3. La innovación no se limita a nuevos productos y procesos. De hecho, el potencial para el mayor cambio bien puede surgir de colaboraciones efectivas y diferentes aplicaciones de productos y sistemas existentes. Por ejemplo, en 2017, la BBC publicó una lista de ideas que cambiarán el mundo. Incluido fueron:

    a. Se ha creado un personaje (piense en Muppet) para enseñar a los 2.500 millones de personas en el mundo sin baños cómo usarlos.

    b. Seis países de la UE participaron en un esfuerzo por utilizar musgo clonado para controlar la contaminación del aire.

    c. Google Earth trabajó con los pueblos indígenas de Brasil para identificar la destrucción de la selva tropical.

    d. Indonesia permite a los ciudadanos intercambiar basura por el acceso a la atención médica.

Sí, todos estos están relacionados con problemas ambientales. Pero entonces, los problemas ambientales son globales, por lo que dice algo sobre el valor de la replicación. Dean Kamen, inventor del Segway, lo dice bien: "De vez en cuando, una nueva tecnología, un viejo problema y una gran idea se convierten en una innovación".[7]

Quizás en ningún momento de la historia de los Estados Unidos haya habido una mayor necesidad de líderes corporativos con acceso a fondos suficientes, tecnología apropiada (que siga cambiando para seguir siendo apropiada) y empleados en todos los niveles de la organización a quienes escuchan y de quienes cosechar ideas para intensificar.

PERSPECTIVAS DE MODA

Insights obtenidas de Entrevistas Personales por los Autores

CHARLES HOLLOWAY comenzó a enseñar en la Universidad de Stanford hace más de medio siglo. Hoy, como profesor emérito de gestión de Kleiner Perkins Caufield & Byers, Emérito, ya no trabaja en el aula, pero está tan ocupado como siempre asesorando a nuevas empresas, con especial énfasis en las redes de suministro y la gestión de la tecnología. Holloway recuerda bien la época en que la I + D estaba oculta en secreto en muchas empresas. Siguió de cerca el ascenso y la caída de Sun Microsystems (Sun es el acrónimo de Stanford University Network), y participó activamente en la formación de la Stanford Integrated Manufacturing Association, un esfuerzo de colaboración entre la Graduate School of Business y la School of Engineering en la Universidad. Cuando se le pregunta cómo cree que cambiará la economía de los Estados Unidos, hace especial hincapié en el paso de la fabricación a la gestión de las redes de suministro. Explica que algunos productos se pueden fabricar fácilmente en más de un país, y China ha aprovechado esa oportunidad durante algún tiempo, manteniendo un monopolio en segmentos como la indumentaria. Él ve el rápido crecimiento de la fabricación en otras áreas, India es un ejemplo de ello, además de un desarrollo continuo de múltiples mercados.

STEVE ST. ANGELO tenía solo dos días de retiro cuando lo encontramos para nuestra entrevista. Había pasado más de cuatro décadas en la industria automotriz, y recientemente se desempeñó como CEO y Gerente Senior para América Latina y el Caribe en Toyota. Tal vez no sea sorprendente, ya que está entrenado en kaizen (a veces deletreado kaisen), la filosofía japonesa de mejora continua se dirigió de inmediato a los cambios

eso es probable dentro de la próxima década. (La traducción literal al inglés de kaizen es "buen cambio"). Toyota, señala, ya está trabajando en un dispositivo que hará posible que aquellos que nunca han podido caminar hagan exactamente eso. Se apresura a agregar que las mejoras esperadas no se limitan en absoluto a los productos, sino que también surgirán en los procesos de fabricación y las formas y la velocidad con que se brinda el servicio.

La experiencia profesional de St. Angelo incluye más de una instancia cuando ese tipo de cambio ha sucedido. En 2017, por ejemplo, el equipo del Sistema de Producción Toyota brindó apoyo a los entrenadores en el Hospital de Santa Cruz en São Paulo, Brasil. Produjo una reducción de 30 minutos en el tiempo de espera para los pacientes del hospital.

STEVE WESTLY aporta al tema de la inclusión una gran experiencia en los sectores público, privado y sin fines de lucro. Se desempeñó como controlador estatal de California antes de convertirse en uno de los principales candidatos en las primarias demócratas para gobernador de California en 2006, y fue copresidente de California para Obama para Estados Unidos dos años después. En el lado privado del libro mayor, ha tenido experiencia de liderazgo en tecnología, banca de inversión y educación superior. Actualmente es fundador y socio gerente de The Westly Group, una de las empresas de riesgo de sostenibilidad más grandes del país, y él y su esposa también operan la Fundación Westly, que proporciona servicios de salud y educación para niños y comunidades desatendidas en todo su estado de origen. Con un ojo específico en el trabajo de la Fundación, le preguntamos a Westly cuáles creía que serían los pasos proactivos más efectivos que un líder empresarial podría tomar, especialmente en comunidades más rurales. Su respuesta abordó no solo los problemas locales, sino también una perspectiva más global. Como él lo ve, rara es la compañía que no desea expandirse internacionalmente. Lo importante es asegurarse de que los gerentes, especialmente los encargados de la contratación se den cuenta de que la inclusión es un elemento crucial en la capacidad de hacerlo con éxito. Dado que también ha sido miembro de la junta de Tesla, existe una excelente posibilidad de que haya presenciado de primera mano lo que sucede cuando una operación de fabricación logra un equilibrio entre desarrollar tecnología de punta y encontrar la manera de venderla en los niveles culturales y económicos de las sociedades. todo el mundo

MARGARET NEALE ha contribuido de múltiples maneras a la comprensión del comportamiento organizacional, con un enfoque especial en la negociación, la formación de equipos y la inclusión. (De hecho, mientras se escribe este libro, la Stanford Graduate School of Business está planeando un evento de dos días para honrar su trabajo). Ella da una nueva y bastante práctica definición a la frase "ganar-ganar". Decimos " práctico ", porque aconseja no solo una actitud que funciona bien, sino pasos específicos, tangibles, reconocibles y aprendibles. En nuestra entrevista, escuchamos dos perspectivas que hablan directamente con los líderes empresariales interesados en construir prácticas inclusivas no solo en el sector privado, sino también dentro del orden social. Con respecto a la inclusión, dijo: "Uno de los beneficios de las redes es que te dan acceso a información que normalmente no tendrías". Y luego, en cuanto a la motivación, insiste: "Las buenas intenciones son geniales, pero no lo son suficiente. También debe tener objetivos claros, y los gerentes deben rendir cuentas".

SHERRI HALLORAN, CAE, ha tenido un asiento de primera fila para ver cómo se desarrolla el tema de la inclusión no solo en el mundo corporativo, sino también entre los líderes de organizaciones sin fines de lucro y aquellos centrados en la educación científica. Después de comenzar su carrera profesional trabajando en cuestiones de personal y capacitación, pasó seis años como Gerente de Marketing de Campo para Red Bull antes de mudarse a la Asociación de Biotecnología de Virginia en 2008. En su papel de Vicepresidenta de Membresía y Programas, no solo trabaja con miembros de la asociación, pero también ocupa puestos de liderazgo con la organización estatal para aquellos que desempeñan funciones administrativas para asociaciones profesionales y comerciales. Ella ve la inclusión como "un área en la que la industria en su conjunto, a nivel nacional, se centra", así como "una conversación continua... un escenario que tiene que evolucionar, crecer y cambiar".

GREG BECKER (consulte la información profesional más completa en la lista de Perspectivas para el Capítulo 7) considera que una cultura inclusiva es crucial para la capacidad de una persona de negocios de pensar más allá de la norma no solo para iniciar un conjunto de negocios para tener éxito, sino también para mantenerlo en ese camino. Después de haber trabajado más de un cuarto de siglo en Silicon Valley Bank, donde una buena parte del enfoque está en las compañías de rápido crecimiento en el sector tecnológico, ha sido testigo de cómo la inclusión sienta las bases para "no pensar en las cosas de la manera estándar y desafiándose mutuamente". Explica, además:" Realmente proviene de tener un grupo diverso de fundadores y un grupo diverso de personas para comenzar la empresa". También es un defensor activo de la participación de la comunidad, por parte del banco y de sus empleados

Cuando SVB ganó el premio al mejor empleador del año en 2016, señaló que, dado que Best Buddies es una organización dedicada a ayudar a las personas (muchos de ellos adultos jóvenes) con discapacidad intelectual a capacitarse, conseguir trabajo y encontrar amistades, el premio " significa que estamos ayudando a esas personas a lograr lo que quieren lograr".[8]

FELIPE CHÁVEZ CORTÉS es CEO y cofundador de Kiwi Campus, una empresa que emplea robots para la entrega de alimentos. La compañía comenzó su servicio en el campus de UC Berkeley y se está expandiendo desde allí. Uno de los primeros descubrimientos de su equipo fue que el servicio requiere la participación continua de humanos en ciertas coyunturas, pero el sistema, sin embargo, está reduciendo significativamente los tiempos de entrega de alimentos y los costos correspondientes. El número de robots en los servicios ha crecido rápidamente, y el equipo de Kiwi Campus ha diseñado un sistema que se basa en, sí, un EQUIPO de robots, algunos asignados para llevar comida de restaurantes a vehículos de tres ruedas conducidos por un humano, y otros encargados con entrega del vehículo al cliente. Las primeras operaciones fueron en el área de la Bahía de San Francisco y en Colombia. Entonces, ¡un nuevo grupo para incluir! Chávez nos dijo que cree que "hay una característica que tienen todos los CEOs exitosos del mundo, y es que nunca se rinden". Creo que es mucho más fácil cuando tienes un buen equipo".

A DAVID HORNIK le gustan las ideas: a quienes las tienen, a quienes las perturban, a quienes las comparten y a quienes las dejan por mejores. Ha realizado un trabajo bastante minucioso al establecer una variedad de entornos en y a través de los cuales estimular la generación de ideas. Enseña tanto en Harvard Law School como en Stanford Graduate School of Business (¿Quizás también le gustan los interiores de aviones?), Ha trabajado durante casi dos décadas como Socio General en August Capital, un inversor de riesgo de alta tecnología en etapa inicial, y fundó The Lobby Conference en 2007. Como realmente no tiene suficiente para hacer, también es el Productor Ejecutivo allí, construyendo fechas, horarios y escenarios para animadas reuniones de traficantes de ideas y sus cohortes. No es sorprendente que Hornik esté de acuerdo con todas las estadísticas que sostienen que la inclusión es la piedra angular del éxito. Pero advierte que a menos que aquellos en posiciones de liderazgo sean intencionales para que esto suceda, no es probable que lo haga. "Tenemos que alentar específicamente a todo tipo de personas para que nos presenten sus negocios".

¿Y cómo sugeriría que un inversor haga eso? "Soy miembro de la junta directiva de GLAAD, la organización dedicada a generar aceptación para la comunidad LGBT," explica David. "Espero que al hacerlo, sea claro acerca de aceptar y tomar medidas no solo para esa comunidad, sino para cualquier otro grupo marginado".

ERIC SCHMIDT, ampliamente reconocido por su mandato como CEO de Google, permanece en el consejo de administración de Alphabet, el holding. Es muy posible que sea uno de los CEO estadounidenses más citados del siglo XXI. (Uno de nuestros favoritos es: "Los estudiantes que aprenden rápido ganan"). En nuestra entrevista, él es muy cuidadoso de no "hablar por Google", pero está informado y articula las tendencias futuras en la industria de EE. UU. Y cómo se ven afectados por el liderazgo corporativo aprendiendo a aceptar la inclusión como un valor central y un modelo de trabajo. Y hay una mejora en la "tubería" para algunos segmentos de la economía. Schmidt citó, por ejemplo, la medicina, un punto respaldado por el hecho de que 2017 marcó el primer año en la historia de EE. UU. En que las mujeres superaron a los hombres en el número inscrito en la escuela de medicina.

Al mismo tiempo, Schmidt es el primero en aceptar que el problema no se resuelve, sino que está "en proceso de resolución". Para explicar, agrega: "Hay una gran cantidad de investigación que revela que, si la capacidad es amplia difusa porque las personas con diferentes antecedentes están involucradas, las empresas prosperan... En lo que respecta a los productos, lo que quiero decir es que obtienes un mejor producto, no necesariamente un producto diferente, como en uno creado, por ejemplo, para las mujeres". Para avanzar aún más hacia un progreso aún mayor, sugiere que la sociedad en general debería tomar medidas para cerrar las brechas creadas, ya sea por pobreza, discriminación directa o indirecta, o falta de acceso a la educación.

KEN KANNAPPAN se retiró como CEO de Plantronics en agosto de 2016, y casi exactamente un año después fue nombrado Presidente de Integrated Device Technology. Él recuerda: "En Plantronics, tratamos de crear un lugar de trabajo realmente bueno, para poder mantener nuestro talento. La "mala noticia" es que funcionó. Teníamos una retención increíblemente alta, lo que significaba que nuestra gente era mucho mayor que el resto de la fuerza laboral en Silicon Valley". Cuando los líderes observaron las estadísticas del mercado, se dieron cuenta de que los compradores de sus productos eran cada vez más mayores de 30 años. Los profesionales de oficina que hablaban por teléfono dos horas o más al día eran en su mayoría Millennials que preferían los productos de sus competidores. "Nuestra gente, naturalmente, tenía un sesgo implícito hacia la creación de productos que deseaban. Cuando intentamos contratar Millennials, descubrimos que teníamos una serie de desventajas. Tendríamos una fiesta corporativa. Nuestros empleados de toda la vida llegaron a las 6, tomaron una copa y cenaron, bailaron un poco y se fueron a las 10. Los Millennials llegaron a las 9 o 10, planeando irse a las 3. No habíamos estado pensando de manera holística para resolver el problema".

Kannapan cree que un problema similar podría ocurrir con diferentes etnias. "Teníamos una regla estricta en todos los países en los que operamos para contratar solo a personas locales. Pronto decidimos que también necesitábamos tener algunas personas de esos países en la oficina de nuestra sede. El acuerdo es hacer coincidir sus operaciones con la demografía que está tratando de ganar. O, simplemente, haga lo que se ajuste a su negocio".

PAUL W. BRADLEY (Ver detalles de la carrera en la sección Perspectivas del Capítulo 8) ha estado en una carrera profesional, trabajando en varias industrias y 14 países diferentes, que le ha formado una visión del mundo que incorpora un cambio significativo. Las estadísticas puntúan su descripción:

- Asia es brillante, dinámica y alberga a 2/3 de la población mundial.
- Los países miembros de la ASEAN albergan a más de 540 millones.
- Singapur tiene una población de 5 millones y las reservas más altas de cualquier país del mundo.
- Para 2025, 50,000 almacenes serán robóticos.

Para lidiar con las tendencias que se pueden esperar de números como estos, Bradley insiste en que los líderes corporativos deben rediseñar sus organizaciones, preparándolas no solo para interrupciones tecnológicas, sino también ambientales. Y la forma de hacerlo, insiste, es incluir en la estrategia y las operaciones una multiplicidad de culturas y perspectivas, y diseñar a partir de esa combinación un negocio que es a la vez "cohesivo y dinámicamente adaptable".

TIFFANY JANA hace casi todo lo que uno podría hacer para promover la inclusión. Como fundadora de TMI Consulting Inc., ella lo enseña, lo nutre, crea estrategias con una amplia gama de clientes sobre cómo lograrlo. Ella habla sobre eso (y también sobre maximizar el potencial humano y construir lugares de trabajo extraordinarios). Ella escribe sobre eso, como en los libros, tres de ellos hasta ahora. Uno de esos libros trata sobre las B Corporation, y Jana habla sobre ese tema en nuestra discusión.

> No hay una bola de cristal, pero es importante enfatizar la inclusión y poner energía medible detrás de ella. Como parte del Movimiento B Corporation, las personas están comenzando a reconocer el poder que tenemos para dar forma a nuestro futuro, para crear el mundo que queremos ver cuando nos hacemos responsables a nosotros mismos y a nuestras instituciones, y nos consideramos ciudadanos del mundo. Al recompensar a las Corporaciones B con nuestros votos, nuestros dólares y nuestros elogios, aumentará el número de personas involucradas y el efecto sobre los márgenes de ganancias será enorme.

The B Corporation Handbook, cuyo coautor fue Jana con Ryan Honeyman, está en su segunda edición, revisado en parte para poner un enfoque más fuerte en lo que los autores llaman "DEI" o diversidad, equidad e inclusión. Hablaron con más de 200 B Corps en todo el mundo para descubrir cómo están mejorando su desempeño ambiental y social, así como trabajando para construir una economía más inclusiva.

ALAINA PERCIVAL, CEO de Women Who Code (Ver información detallada en la sección Perspectivas del Capítulo 4), es optimista sobre la trayectoria del cambio que ahora es posible para las mujeres. "Cuando mi madre se graduó de la universidad, creía que tenía tres opciones de carrera: enfermera, secretaria o maestra", explica Percival. "Todavía estamos trabajando en el cambio de mentalidad, pero la idea es ver a las mujeres eligiendo sus futuros roles como médico, ingeniero, capitalista de riesgo, jefe de departamento. Cuantas más mujeres veamos sobresaliendo en tales roles, más nos inspiraremos para perseguirlas. Y centrarse en el sector tecnológico es especialmente sabio porque cada industria eventualmente tendrá un componente tecnológico".

JENNY DEARBORN ha ocupado varios puestos de responsabilidad en el ámbito tecnológico, más recientemente como Vicepresidenta Ejecutiva de Recursos Humanos para SAP, y ha reunido su conocimiento y experiencia en dos libros (está trabajando en un tercero), un blog, varias charlas, y muchas entrevistas importantes en los medios. Además de formar parte de varias juntas corporativas, actualmente también está tratando de reunir grupos de líderes de ideas afines para abordar lo que considera un tema urgente. "Cuando pienso en el futuro, tengo una visión a largo plazo", dice ella. "Creo firmemente que estamos viendo cambios disruptivos dentro de 40 años, pero en este momento al día a día no se siente perjudicial". Eso es preocupante, porque ahora es el momento de comenzar a ajustar el comportamiento".

¿Vamos a reiterar el argumento a favor de la cooperación entre líderes empresariales y educativos para desarrollar habilidades STEM (en español: Ciencia, Tecnología, Ingeniería y Matemáticas)? Sí, pero eso es solo parte de la historia. Como Dearborn publicó en su blog:

La tecnología ahora sustenta todo en los negocios, y está avanzando a un ritmo exponencial (piense en la Ley de Moore), en lugar de hacerlo a un ritmo lineal. Tener la capacidad de adaptarse al cambio será tan importante como saber codificar o liderar un equipo.

A medida que vivimos más y pasamos más años en la fuerza laboral, la mejor manera de evitar quedarse atrás es tratar las habilidades que nos hacen humanos como base para todo lo que hacemos. Luego, debemos adoptar una mentalidad de aprendizaje continuo de la materia durante nuestras vidas para mantenernos al día con los cambios tecnológicos. Pero es esa base humana la que nos dará la fuerza para dar sentido, adaptarnos y mantenernos al día con todos los cambios tecnológicos.[9]

MARTINA WELKHOFF ya está viviendo en un mundo que muchos de nosotros ni siquiera podemos describir. Como socia fundadora de Women in XR Venture Fund, ella no solo ha definido, sino que también se metió en el nexo entre el último cambio en tecnología y las contribuciones de las mujeres a ese cambio. "Al final", explica, "lo que estamos haciendo esencialmente es proporcionar un espacio...definido como parte de un mundo 5G... donde los talentos y las contribuciones de las mujeres pueden destacar". Un vistazo rápido a algunas de las compañías en la WXR 2018 revela programas innovadores en educación, atención médica, comercio electrónico y más. Como Welkhoff nos dijo: "Lo que esperamos hacer es normalizar la idea de las mujeres en el liderazgo, de modo que el enfoque esté en su trabajo en lugar de ser mujeres". Como asesora del Centro de Liderazgo y Pensamiento Estratégico de la Universidad de Washington y Global Shaper del Foro Económico Mundial, Welkhoff no es nueva en este "juego", y su talento y experiencia son sin duda tan importantes para las mujeres a las que apoya como el financiamiento que está ayudando a desarrollar.

MICHELLE LEE describe su carrera como "iniciada en tecnología, luego en derecho, luego en el mundo corporativo de Google y, más recientemente, en el gobierno de la oficina de patentes y marcas de EE. UU. Eso es correcto, pero también mínimo. Ha sido profesora visitante en la Universidad de Stanford (de la que también obtuvo su título de abogado), es miembro del Consejo Asesor del MIT Media Lab (con títulos de licenciatura y maestría en ingeniería eléctrica y ciencias de la computación del MIT), fue Consejera General Adjunta en Google durante sus años de formación, y pasó 3,5 años como CEO de la Oficina de Patentes y Marcas de EE. UU., una de las oficinas de propiedad intelectual más grandes del mundo con 13,000 empleados y un presupuesto anual de $ 3.4 mil millones. También es la primera mujer y persona de color en ocupar este puesto (como Subsecretaria de Comercio y Directora de la Oficina de Patentes y Marcas de EE. UU.) en los más de 225 años de historia de nuestro país. En 2005, ella y otras seis mujeres fundaron ChIP, una organización sin fines de lucro para promover y conectar a las mujeres en tecnología, leyes y políticas. Ahora internacional y con más de 2,000 miembros, ChIPs se enfoca en acelerar la innovación a través de la diversidad de pensamiento, participación y compromiso en beneficio de la sociedad.

"Muchas personas me han apoyado durante toda mi vida y mi carrera", nos dice Lee. "Tengo un fuerte deseo de devolver algo de eso. La capacitación y la tutoría son importantes, porque eso es lo que abre la puerta para que brillen las personas con talento".

ELIZABETH ROSCOE es Directora Ejecutiva de la Fundación Western Union, un puesto que asumió en 2016, después de haber ocupado puestos de liderazgo no solo para Western Union Business Solutions, sino también para American Express, PepsiCo, Sainsbury's, Campbell's Soup y Nestle. La Fundación se ha fijado el objetivo de proporcionar a 50,000 migrantes, refugiados, mujeres y adultos jóvenes las habilidades que necesitan para navegar por el mercado laboral del siglo XXI para 2020. El objetivo es utilizar la capacitación de la fuerza laboral para maximizar tanto las oportunidades laborales disponibles para ellos como sus ingresos. potencial. "Pedimos a nuestros empleados, más de 12,000 en 60 oficinas, que nominen organizaciones sin fines de lucro con las que hayan trabajado como colaboradores", explica, "tanto por nuestro esfuerzo educativo como por la ayuda de emergencia que brindamos". La idea general es de cualquier manera que podamos definir para conectar a los jóvenes desfavorecidos con la economía global". La política cumple con la productividad en un mundo de inclusión.

ROSARIO LONDONO es una persona que tiene muchas actividades dignas de reanudar en su haber, pero enumerarlas, incluso con explicaciones cuidadosas, no llega a describir de qué se trata. Probablemente más que cualquier otra persona a la que hayamos entrevistado para este libro, él está enfocado en el futuro y en cómo usted, nosotros y todos, sí, cada persona en cualquier país, posición o lo que podría llamar "espacio vital" debería poder para ayudar a formar ese futuro. Sí, forma parte de CNS Global Advisors, donde busca tener un impacto en la inversión y el cambio de sistemas. Sí, es cofundador de la League of Intrapreneurs, con sede en DC. Sí, ofrece una selección de herramientas de innovación en línea y busca activamente colaboradores con los que pueda mejorar el mundo en el que vivimos. Entonces, lo que dice está informado, apasionado y probado por la vida y la experiencia profesional. Sin embargo, no está en el negocio de impresionar a la gente, por lo que sus pensamientos son simples y directos. Y en una frase, captura el núcleo de este libro: "Constantemente ves vistas que normalmente no ves cuando todas las personas provienen del mismo fondo".

CLAUDIA MIRZA, fundadora y directora ejecutiva de Akorbi, no tiene una sola historia que contar, tiene múltiples experiencias de vida y negocios que demuestran cómo la combinación de logros y oportunidades puede producir un éxito casi ilimitado. La infancia de Mirza en Colombia estuvo marcada por la pobreza y el miedo, lo suficiente como para haber cortado cualquier esperanza de consuelo, mucho menos riqueza. Sin embargo, la compañía que fundó en 2003 es hoy un grupo de compañías que ofrecen una variedad de soluciones empresariales, y la 13a compañía de propiedad o liderada por mujeres de más rápido crecimiento en el mundo. Como se presenta en su sitio web, la visión de Akorbi (*ser el socio sostenible para las empresas que buscan aumentar su posición global o diversa en el mercado a través de la innovación, el lenguaje y las personas*) y sus valores (*somos compasivos. Aceptamos la excelencia en todo lo que hacemos. Trabajamos con integridad. Fomentamos un ambiente de trabajo divertido y positivo. Somos innovadores*) expresan los resultados del talento y el impulso de Mirza, y como ella nos dice, la fuerza del sueño americano:

> Estados Unidos es posiblemente el mejor entorno para que los empresarios prosperen. Necesitas una red de apoyo. Nuestra atmósfera aquí en Estados Unidos se enfoca en crear un espacio para líderes empresariales: organizaciones sin fines de lucro, agencias gubernamentales y fundaciones. Existe un sistema de apoyo proporcionado por las universidades y la Administración de Pequeñas Empresas para alentar a las mujeres y los líderes inmigrantes. Aquí en Estados Unidos la gente no tiene miedo de compartir

o dar consejos. Somos muy diversos Independientemente de la religión o clase económica, ayudamos. Nadie te pregunta cuál es tu fe. La gente solo quiere que trabajes. Independientemente de tus antecedentes. He viajado a muchas naciones y he aprendido a valorar nuestra cultura estadounidense y nuestro país.

HIKMET ERSEK, CEO de Western Union, tiene una historia de vida que, al menos como él la describe, puede verse como una oportunidad tras otra cuando se trata de comprender la importancia de la inclusión, en los negocios, pero también en la vida. "Cada lugar en el que he vivido [Turquía, Austria, EE. UU.] ha dejado algo en mí que me ayuda a hacer mi trabajo", comenta. No es difícil concluir que esta historia se desarrolla en gran parte porque Ersek identifica, aprovecha y aprovecha esas oportunidades. Y su descripción de la economía global no es diferente. En su análisis el "nuevo globalismo" implica:

> empoderando a las personas para que tomen las decisiones correctas por sí mismas.... Las empresas que hacen el mejor trabajo para facilitar que todos compartan lo que tienen para ofrecer, más allá de las fronteras políticas, económicas y físicas, son las que estarán presentes en 100 años.

PAMELA LIPP-HENDRICKS ha pasado literalmente toda su carrera profesional apoyando, explicando, agilizando y viviendo la idea de la inclusión. Mientras aún estaba cursando un posgrado, trabajó en un análisis de la imparcialidad del programa de contratación de asesores de viajes de nivel de entrada en American Express. En los años transcurridos desde entonces, ha pasado por una serie de roles cada vez más responsables y actualmente se desempeña como Jefa de Gestión de Talento y Diversidad en JPMorgan Chase & Co. Al igual que muchos otros entrevistados para este libro, insiste en que la inclusión solo funciona cuando los empleados realmente sienten que pertenecen. Su explicación del sesgo que puede obstaculizar es bastante científica. "La investigación ha demostrado una y otra vez que si tienes un cerebro, tienes un sesgo", dice. "Nuestros cerebros están constantemente tomando decisiones de huida o lucha". Entonces, ¿cuál es la solución? Conciencia, dice Lipp-Hendricks. "Tienes que concentrarte en el sesgo, prestarle atención, para mitigarlo y pasar de un punto de vista de 'nosotros y ellos' a un punto de vista de 'todos nosotros'".

ENDNOTES

1 https://www.theguardian.com/global/2018/nov/25/futurists-the-world-in-2050-science-medicine-food-travel-predictions

2 https://www.brookings.edu/wp-content/uploads/2019/01/2019.01_BrookingsMetro_Automation-AI_Report_Muro-Maxim-Whiton-FINAL-version.pdf

3 https://publicadmin.usc.edu/blog/the-relationship-between-corporations-and-public-policy-development/

4 https://www.milkeninstitute.org/videos/view/the-business-case-for-equality-diversity-and-inclusion

5 Carolyn Wiley and Mirela Monllor-Tormos, *Board Diversity in STEM&F Sectors: The Critical Mass Required to Drive Firm Performance* https://journals.sagepub.com/doi/abs/10.1177/1548051817750535

6 https://www.forbes.com/sites/pamdanziger/2019/01/13/6-global-consumer-trends-and-brands-that-are-out-in-front-of-them-in-2019/#530c9d824fe4

7 https://www.linkedin.com/pulse/every-once-while-new-technology-old-problem-big-idea-turn-fady-andary/

8 https://www.strategy-business.com/article/Silicon-Valleys-Farsighted-Banker

9 http://jennydearborn.com/how-to-be-human-101-the-future-of-work/

PERSPECTIVAS
DE MODA

		Page
Advani, Kingsley	Founder of Chainfund Capital	87
Anthony, Corey	Chief Diversity Officer of AT&T	17
Arruda, Daniela	Venture Capitalist from Brazil	114
Barns, Mitch	CEO of Nielsen	56
Baxter, Frank	CEO of Jefferies Group, US Ambassador to Uruguay	177
Becker, Greg	CEO of Silicon Valley Bank	226
Bellamy, Febin	Founder & CEO of Unsung Heroes	205
Bennett, Steve	CEO of Symantec and CEO of Intuit	110
Bermejo, Elmy	Representative of US Labor of Secretary Tom Perez	85
Bernshteyn, Rob	CEO of Coupa Software	39
Bock, Laszlo	SVP at Google & CEO of HUMU	40, 44
Bradley, Paul	CEO of Caprica International, B20 Member	230
Branon, Oriana	Director at Alaska Airlines	175
Briggs, Teresa	Board Member at Deloitte and ServiceNow	206
Brown, Coco	CEO The Athena Alliance	60
Brown, Marice	Head of Mexico at JP Morgan Chase	136
Brown, Nancy	CEO of American Heart Association	178
Burnes, Adele	COO of YouNoodle	196
Burns, Allan	CEO Petroleum Marketers	30, 31
Carriquiry, Eduardo	CEO of MEPSA	92
Chou, Tracy	CEO of BlockParty	42

Chupka, Karen — Executive VP of Consumer Technology Association — 91

Chávez, Felipe — CEO of Kiwi Campus — 227

Cleveland, John — Chief Human Resources Officer at Seagate — 85

Coward, Alexander — CEO of Edeeu and Oxford PhD — 51

Cox, Donald — Stanford Professor of Electrical Engineering, Co-inventor of wireless cellular — 180

Davies, Teresa — Veteran, Director at Ecova — 173

Dearborn, Jenny — Author, Chief Learning Officer at SAP — 232

DeWitt, Leslie — Founder of Peninsula Bridge — 159

Draper, Tim — CEO Draper University & Venture Capitalist — 111

D'Alessandro, Jan — Co-founder & President of Blue J Strategies — 32

Ellig, Janice — CEO of Ellig Group — 140

Epstein, Alex — NY Times Best Selling Author — 171

Ersek, Hikmet — CEO de Western Union — 237

Estrada, Ron — Univision SVP of Community Empowerment — 17

Estrin, Judith — Internet Pioneer — 141

Fathelbab, Mo — President of Forum Resources Network — 14

Ferrari, Gianfranco — CEO of BCP Banco del Credito del Peru — 50

Fu, Ernestine — Author, Partner at Alsop & Louie — 124

Garza, Rodrigo — CEO of Flexinvest, Harvard & MIT Grad — 6

Gash, James — President of Pepperdine University — 64

Giberti, Marco — CEO of Vesuvio Ventures and Harvard Grad — 34

Gil Valletta, Lili — Entrepreneur, TV Commentator, CEO Culturintel — 35

Gomez, Laura — CEO of Atipica — 15

Gordon, Shannon — CEO of theBoardlist — 12

Greer, Lindred — Stanford University Professor — 10

Griego, Linda	Board Member of CBS Corporation	193
Guardino, Carl	CEO Silicon Valley Leadership Group	74
Hall, Christina	Chief People Officer at LinkedIn	62
Halloran, Sherri	Vice President of VA Biotech Association	226
Hernandez, Martha-Edith	Corporate Innovation Expert	112
Holden, Richard	Commissioner of the West: Bureau of Labor Statistics	84
Holloway, Charles	Stanford Business School Professor	223
Hopp, Jennifer	Managing Partner at ATO Ventures	58
Hornik, David	General Partner at August Capital	227
Hu, Marty	CTO & Co-founder of Prodigy	201
Hwang, Rebeca	TED Speaker, Managing Partner Rivet Ventures	98
Hwang, Tim	CEO of FiscalNote, Princeton Grad	106
Ihrie, Bill	CTO of Intuit	135
Jana, Tiffany	TED Speaker & Author	231
Jantzen, Stephanie	VP of Perry Communications, Policy Expert	210
Jayne, Julia	President at Jayne Law Group	203
Jha, Abhi	Director of Strategy at McKesson	195
Jimenez, German	President of Pluspetrol Peru	153
Johnson Treseder, Dara	Chief Marketing Officer at Carbon	41
Kannappan, Ken	CEO of Plantronics	229
King, David	Head of Belonging at Shopify	132
Kleinberg, Judith	Palo Alto Chamber of Commerce CEO	154
Kolind, Torsten	CEO of YouNoodle	131
Kurani, Ravi	CEO Sutro & Forbes 30 Under 30	194
Lattin, James	Professor at Stanford Graduate School of Business	135

Lee, Michelle K.	USPTO CEO, Under-Secretary of Commerce	234
Lehmann Weng, Jennifer	CEO at Chief Executives Organization	209
Lipp-Hendricks, Pamela	Head of Talent Management at JP Morgan	237
Little, Judy	SVP of Sales at Ericsson	3, 117
Londono, Cristina	Telemundo Correspondent, Emmy Award Winner	15
Londono, Rosario	Co-founder of League of Intrapreneurs	235
Lutfi, Diana	DACA Recipient, Berkeley Grad, Entrepreneur	14
Mah, Jessica	CEO of InDinero	209
Manley, Todd	Senior Director at Symantec	150, 151
Martinez, Maria	Chief Customer Experience Officer of Cisco	179
Mather, Laura	CEO Talent Sonar, Advisory Board Member Zumigo	134
McElhaney, Kellie	Berkeley Professor, Founder of Center for Equity	13
McNeely, Ken	President of Pacific Region at AT&T	176
Medway, Alexandra	Software Engineer at Instagram	19
Merritt, Doug	CEO of Splunk	63
Mirza, Claudia	CEO & Co-founder of Akorbi	236
Molins, Gloria	Head of Global Launches Airbnb	152
Montuori, Craig	Executive Director at Global EIR	198
Moschini, Silvina	CEO SheWorks!	57
Munoz, Ben	CEO Nadine West	32
Myers, Bart	CEO of Countable	86
Mylavarapu, Swati	Founder of Incite	108
Naidu, Roshni	Senior Product Manager at Amazon	157
Natale, Gaby	Emmy Winner, Entrepreneur	13
Neale, Margaret	Stanford Professor, Author	225

Nicholas, Jenna	CEO at Impact Experience	10
Nicoll, Alison	Chief Compliance Officer at Upstart	138
Novellus, Roshawnna	CEO Founder of EnrichHER	59
Nowrasteh, Alex	Immigration Policy Analyst	30
Orujyan, Armen	Founder of Athgo	197
Padilla, Alex	Secretary of State of California	18
Papazian, Mary	President of San Jose State University	89
Patton, Richard	Founder Courage Capital, Chair of YouScience	151
Pera, Sally	Association for Corporate Growth Silicon Valley CEO	129
Percival, Alaina	CEO of Women Who Code	232
Perez, Patti	Author "The Drama-Free Workplace"	158
Peterson Philitas, Maci	CEO of On Second Thought	114
Phillips Rogers, Sandra	Chief Legal Officer at Toyota	20
Purmal, Kate	COO Versaic & Author	39
Pérez, Eduardo	Senior Vice President at Visa	199
Rashid, Brian	TED Speaker, Author, Entrepreneur	202
Reynolds, Christopher	Toyota Chief Administrator Officer	36
Rezende, Thais	CEO at BizWorld.org	174
Rodriguez, Estuardo	Founder of the Raben Group	11
Romo Edelman, Claudia	UN Special Adviser, Founder of We Are All Human	11
Roscoe, Elizabeth	VP, Executive Director of Western Union Foundation	235
Rosenberg, Jonathan	Advisor at Alphabet	117
Ruiz, Manny	CEO of Hispanicize, CEO of NostalgiaCon	87
Sampat, Neha	CEO of Content Stack, Founder of Built.io	130

Sands, Anita	Board Member at Symantec and ServiceNow	16
Schmidt, Eric	Google CEO, Alphabet Executive Chairman	228
Schulman, Dan	CEO of PayPal, Chairman of Symantec	27
Schulte, Todd	President of FWD.US	35
Seelig, Tina	Stanford Professor, TED Speaker, Creativity Guru	109
Seldon, Tenzin	CEO of Kinstep, Rhode Scholar	129
Silberstein, Alvaro	CEO of Wheel The World, Berkeley MBA	107
Simitian, Joe	County Supervisor of Santa Clara	170
Simmons, Kaia	Harvard MBA, Investor Stripe Group	29
Singh, Atul	CEO of Fair Observer	9
Srinivas, Suraj	Chief Strategy Officer at Chalk	132
St. Angelo, Steve	CEO of Toyota Latin America	224
Strachman, Danielle	Founder & General Partner at 1517 Fund	202
Strauss, Jessica	Kauffman Fellow National Venture Capital Association	9
Sumner Young, Bunny	Corporate Trainer at A Better Place Consulting	156
Tarpenning, Marc	Co-founder of Tesla	179
Torlakson, Tom	Superintendent of Education in California	174
Utomo, Yosen	CEO of Full Dive & Berkeley Grad	52
V. Marinello, Kathryn	Hertz CEO	137, 142
Vaca, Nina	CEO of Pinnacle Group	212
Vaidhyanathan, Savita	Mayor of Cupertino, President of Rotary Cuptertino	133
Vargas, Fidel	CEO of Hispanic Scholarship Fund	151
Vargas, Yai	Founder The Latinista	113
Vasquez, Joe	Network Leader at Village Global	116
Velazquez, Javier	CEO at Uproot and DACA Recipient	84

Villanueva Beard, Elisa	CEO of Teach For America	93
Vohra, Mehak	Founder OnDelta, Forbes Top 10 Marketer	92
Warmenhoven, Dan	CEO of NetApp	212
Warnke, Sue	Senior Director at Salesforce	42
Washington, Kevin	CEO of YMCA USA	115
Weaver, Maria	Chief People Officer at Funding Circle	149
Welkhoff, Martina	Entrepreneur & Investor	233
Welton, Courtney	Chief Compliance Officer at AllState	112
West, Tony	Chief Legal Officer at Uber, ex Associate Attorney General of USA	80, 143
Westly, Steve	CFO of California, Board Member Tesla, VP eBay	224
Whye, Barbara	Chief Diversity & Inclusion Officer at Intel	38
Wiley, Kenya	CEO Fashion Innovation Alliance	199
Williams, Rachel	Global Head of Diversity & Inclusion StubHub	132
Winnett, Caroline	CEO of SkyDeck	155
Wittenberg, Anka	Chief Diversity & Inclusion Officer at SAP	105
Wong, Kathy	Chief Diversity Officer San Jose State University	90
X. Barrios, Luis	Founder of Arkangeles.co	160
Yakoob, Nadia	Attorney at Nadia Yakoob & Associates	207
Yang, Hana	Founding Partner & Co-Author Wingpact	198
Yasuda, Jeff	CEO of Feed FM & Dartmouth MBA	52
Zizzo Nazar, Marian	Advisor at Ludibuk and Expert at World Bank	53